U0452025

苏轼与苏辙

大宋双子星

纪云裳 著

民主与建设出版社
·北京·

© 民主与建设出版社，2024

图书在版编目（CIP）数据

苏轼与苏辙：大宋双子星/纪云裳著.--北京：民主与建设出版社，2024.10.--ISBN 978-7-5139-4721-3

Ⅰ.K825.6

中国国家版本馆CIP数据核字第2024PM7037号

苏轼与苏辙：大宋双子星
SUSHI YU SUZHE DASONG SHUANGZIXING

著　　者	纪云裳
责任编辑	顾客强
封面设计	白砚川
出版发行	民主与建设出版社有限责任公司
电　　话	（010）59417749　59419778
社　　址	北京市朝阳区宏泰东街远洋万和南区伍号公馆4层
邮　　编	100102
印　　刷	三河市国新印装有限公司
版　　次	2024年10月第1版
印　　次	2024年11月第1次印刷
开　　本	880毫米×1230毫米　1/32
印　　张	10.25
字　　数	168千字
书　　号	ISBN 978-7-5139-4721-3
定　　价	49.80元

注：如有印、装质量问题，请与出版社联系。

目　录
contents

- 雪泥鸿爪 001
- 世间所有的名字都不是秘密 013
- 有风来自少年时 027
- 出四川记 045
- 四海一子由 059
- 两地书 077
- 彩云易散 097
- 人生无离别，谁知恩爱重 111
- 我兄东南游，我亦梦中去 129

- 寂寞山城 149

- 安知风雨夜，复此对床眠 165

- 与君世世为兄弟 185

- 千里快哉风 201

- 双璧 229

- 倾杯不能饮，留待卯君来 245

- 人生如逆旅 263

- 不系之舟 279

- 手足之爱，平生一人 297

- 参考文献 321

雪泥鸿爪

至于苏子瞻的思念、伤感,以及内心的茫茫风雪,有他一个人懂得就好。

苏轼到渑池的那一天，下了极厚的雪。

黄昏时分，满室清寒，天地为之一白。他看着窗外，远山略肿，小径隐匿，一群觅食的鸿雁落在雪地上，如溅落宣纸的点点墨痕。

毛笔已经蘸饱了墨，笔落在纸上，忽而峰峦，忽而河谷，忽而雁翅，忽而鸿爪。翼翼归鸟，载翔载飞，往事扑面而来，小簌簌如落雪。

苏轼再一次想起了苏辙（子由）。

这是他们人生中经历的第一次真正意义上的离别，在此之前，二十余年未曾长久分开。江淹说："黯然销魂者，唯别而已矣。"苏轼与弟弟分别后，内心的确凄恻恍惚，一提笔，便雪意弥漫。

不饮胡为醉兀兀，此心已逐归鞍发。

归人犹自念庭帏,今我何以慰寂寞。

登高回首坡垅隔,但见乌帽出复没。

苦寒念尔衣裘薄,独骑瘦马踏残月。

路人行歌居人乐,童仆怪我苦凄恻。

亦知人生要有别,但恐岁月去飘忽。

寒灯相对记畴昔,夜雨何时听萧瑟?

君知此意不可忘,慎勿苦爱高官职。

——苏轼《辛丑十一月十九日既与子由别于郑州西门之外,马上赋诗一篇寄之》

嘉祐六年(公元1061年)十一月十一日,被授大理评事、签书凤翔府判官的苏轼从汴京出发,携妻带子赴任凤翔。

制举登科后,苏辙暂留京师等待任命,而苏轼初仕凤翔,任期长达三年,两地山重水复遥遥一千二百里,见面何其之难?

苏辙去送苏轼,两兄弟并辔而行,一不小心就同行了八日,离京一百余里,来到了郑原之上。

郑州西门外,他们依依话别,黯然神伤。

前路漫漫,一如宦途,会不会是一条雪后泥路?

苏轼不知道。

他只知道自己一时间精神竟恍然迷醉起来,像饮了酒,昏昏沉沉的,马背上空留一具皮囊,心思早已同弟弟返程而去。

暮色四合,寒气袭人,衣衫单薄的苏辙戴一顶黑色的帽子,骑一匹瘦马,踏着月光回程,越走越远,身影越来越小,更显得清瘦的他形单影只。

苏轼望着苏辙的背影,在马背上写下这首诗,倾诉分开后对苏辙的挂念,对人生的喟叹,以及独行异乡的寂寞。

他想起去岁与苏辙在怀远驿备考的秋夜,窗外疾风骤雨,读韦应物的《示全真元常》:"余辞郡符去,尔为外事牵。宁知风雪夜,复此对床眠。始话南池饮,更咏西楼篇。无将一会易,岁月坐推迁。"心有戚戚,就像坐在孤舟上,漂泊于茫茫大海,突然伤心不已。

韦应物于知天命之年掌印苏州,一直勤政爱民,两袖清风,故得"韦苏州"贤名。辞官之后,韦应物写下此诗相赠故友元常,怀念往昔风雪夜共卧一床的情谊,就像怀念一去不复返的盛世和壮年。与故友分别后,南池依旧可以饮酒,西楼依旧有人赋诗,他为何怅然?或许除了无法回到长安的穷困,他还感知到了茫茫天地间，一个人终究无法抵御世事变迁的无力与渺小。

就像千年前带着弟子穿越旷野，在河边感叹"逝者如斯夫，不舍昼夜"的孔子，在无尽的时间面前，感知到的也是生命的有限和万里抱薪以赴风雪的孤独。逝者如斯，唯有思想与情感，可以像水面上的波光一样，千秋万岁流传。孔子的知天命，是知其不可为而为之。

晚年的韦应物已然明白，岁月如流，暮色将近，人生最大的天命，是时间。

数百年后，韦应物笔下的情谊与怅然，一如大河中的波澜与金沙，在泛黄的书卷上，被寄居怀远驿的苏氏兄弟看见并打捞了起来，几代理想主义者的心流在那一刻得以交互、碰撞，发出夜雨洗河汉般的回响。

相比孔子，苏轼更偏爱庄子。从少年时代起，他就非常推崇庄子的洒脱不羁，他就像庄子的隔世门徒，几乎承继了庄子所有的特点，譬如有趣的灵魂、卓越的文采、天马行空的想象力，以及三寸不烂之舌。晚年的苏轼在理想幻灭之后，更是成了"知其不可奈何而安之若命"的践行者。那个超然自逸、物我两忘的他，唯独无法忘情——他的心里，实在是装着太多的人了。

不过,逍遥的庄子令人敬仰,旷达的苏东坡让人喜爱,这是各有所爱。

彼时,二十五岁的苏轼,在寒灯之下,在茫无涯际的时间里,聆听着风雨之声,内心尚有火热的理想——与苏辙一样,他寒窗苦读多年,只为"致君尧舜上,再使风俗淳"。然而入仕之门就在眼前,他们却从韦应物的诗句里看到了仕途的另一面,那就是注定宦游四方、聚少离多、身不由己的天命。

苏轼自小生长在蜀地,性情自然带有浓厚的地域特色。

所谓"未入仕途,已怀归志",一部分原因也是受地方风气的影响。蜀人自避祸五代之乱以来就安于乡土,极少到外地当官。可以说,在苏轼的内心深处,也一直有一个角落,存放着归隐林泉的小愿望,待他日后遭受屈辱与重创时,那个积蓄已久的愿望就会漫溢出来,直至彻底淹没了致君尧舜的大理想。

所以他才与弟弟郑重许下"风雨对床"的约定——待理想达成之后,无论官职多高,都不可生贪恋之心,而是早早辞官回归故里,共享闲居之乐。

相携话别郑原上,共道长途怕雪泥。

归骑还寻大梁陌,行人已度古崤西。

曾为县吏民知否?旧宿僧房壁共题。

遥想独游佳味少,无方骓马但鸣嘶。

——苏辙《怀渑池寄子瞻兄》

雪继续落,鸿雁飞去,苏轼的毛笔再次蘸饱了墨。

笔行纸上,一匹黑马穿过茫茫雪原。

苏轼素来用墨如糊,健笔而浓墨,潇洒纵横,气韵贯通。墨迹半干,很快泛出光亮,恰似骓马乌亮的毛色,又像小孩漆黑的瞳孔,他一遍遍念苏辙的诗,然后在纸上自问——

"人生到处知何似?"

《怀渑池寄子瞻兄》是兄弟俩分别之后,苏辙回到京师寄给苏轼的第一首诗。诗寄到的时候,苏轼正好抵达渑池,人们习惯于将这样的巧合称为心有灵犀。

苏辙的诗下有自注:"辙曾为此县簿,未赴而中第。昔与子瞻应举,过宿县中寺舍,题老僧奉闲之壁。"

嘉祐二年(公元1057年),十九岁的苏辙与哥哥同科进士及第，被授予渑池县主簿，负责文书工作，后因继续参加制举考试未曾赴任。

渑池的百姓是否知道曾有一位名叫苏辙的年轻人差点成为他们的县吏？苏辙在诗中感叹道。

苏辙对渑池的印象还不错，因为在他心里，渑池不仅是仕途的第一站，是历史上秦昭襄王和赵惠文王会盟的地方，还是他与哥哥借宿并在一座寺庙的墙壁上题诗，有过情感联结，具备私人意义，承载着他们独属记忆的地方。

人生到处知何似，应似飞鸿踏雪泥。
泥上偶然留指爪，鸿飞那复计东西。
老僧已死成新塔，坏壁无由见旧题。
往日崎岖还记否？路长人困蹇驴嘶。

——苏轼《和子由渑池怀旧》

嘉祐元年（公元1056年）春，苏辙与哥哥随父亲苏洵从家乡眉山出发，到汴京求取功名，一路穿行蜀道，翻越秦岭，历经千难万险才得以进入关中。在临近渑池的崤山，他们的马竟病死在崎岖的山路上,只好临时换成毛驴缓缓前行。

时隔五年,苏轼再次来到渑池,站在风雪之中,触景生情,感伤尤甚。

《和子由渑池怀旧》是一首步韵诗,即按照原诗的韵脚来写,是唐代诗人白居易和元稹唱和时发明的文字游戏,到了宋朝又兴盛起来。

高妙的步韵诗,除了才华与格调,还是对默契与情感的考验。"元白"的情义可欺金石,也有幸生在可以用诗歌换取功名的盛世。在宋代,写诗不再是步入仕途的阶梯,但宵小之徒曾经用在白居易身上的阴损招数——从其诗歌中摘取字句,罗织成罪的那一套,苏轼后来也着实深深领教到了。

如诗中所写,苏轼去了曾经借宿的寺庙,发现老僧奉闲竟然圆寂了。奉闲的埋骨之处,已矗立一座新塔,他们曾题过诗的墙壁,也已消失不见。

世事变幻无常,生命如此短暂,一个人的命运轨迹,来去无定,就像是雪上留下的爪印,凌乱无章。待飞鸿远去,雪融化在泥土中,一切都将了无痕迹,又何必去计较往东还是往西?

苏轼问苏辙,也是问自己,往日崎岖还记否?

怎么会不记得？往日的他们是那样青春飞扬，在中原大地温软的风中骑驴去汴京，路虽长，人虽困，驴虽慢，他们的内心却是郁郁葱葱，激昂青云。

倒流的意识中，苏轼仿佛又听见了毛驴的嘶鸣声在耳边回荡，最后消失在中原大地的长风之中。诗成之后，他添加了一笔注脚："往岁，马死于二陵，骑驴至渑池。"

苏轼记得自己和苏辙曾在驴背上聊天，聊唐代的孟浩然就喜欢骑着毛驴到处转悠，在灞桥边冒着大雪寻找梅花，被人看见了，就说自己的诗思在风雪中，在驴背上，真是十足可爱，十足通透。外形老实、性情温和，自带市井气质的毛驴，正好适合断了仕途，在山水间安顿身心的诗人。

或许在旁人眼中，兄弟俩往日经历的崎岖，已通向了光明的仕途，但透过诗句来看，苏轼并没有想象中的那么开心。

他甚至忍不住叹息起来。

他的叹息落在纸上，落在诗句中，也落在了茫茫大雪里。

林语堂说："苏东坡为了弟弟，总会写出最好的诗来。"诚然，这首步韵诗也是苏轼的名篇之一，还让世间多了一个成语——"雪泥鸿爪"。

禅宗史书《五灯会元》里有僧问上师:"如何是摩诃般若?"上师曰:"雪落茫茫。"

摩诃般若,乃最极最胜之大智慧,雪落茫茫,是为万物因缘而生,色即是空。

当苏轼在纸上写下"人生到处知何似,应似飞鸿踏雪泥"时,显然如同获得了某种启示,捕捉到了天命的预示——神来之笔,如是我闻。

也为他和苏辙,在历史的长河中留住了永恒的瞬间。

从这种意义上来说,诗人无异于文字的造物者,让这首诗抵达了哲学的高度,又通往了性情的本质,如纪昀的点评:"前四句单行入律,唐人旧格;而意境恣逸,则东坡之本色。"

苏东坡是环境造就的,心灵造就的,也是性情造就的。

性者,人之本色也。

然后,他又用时间的打捞术,把兄弟之间的情义,人生来去无定的无可奈何,变成了文字的琥珀,千年之后,依旧保存着完好无缺的细节与气息,让人唏嘘与共鸣。

又或许,对于苏辙来说,苏东坡的旷达和乐观,就像是一条澄澈的河流，人生代代无穷已，每个人都可以挽起裤腿站到河边，照照镜子，吹一吹风，或者干脆用手舀上一瓢，毕竟解渴，解忧，还解嘲。

至于苏子瞻的思念、伤感，以及内心的茫茫风雪，有他一个人懂得就好。

世间所有的名字都不是秘密

人生如逆旅,一个人马不停蹄,跋山涉水,名字是他的来处,也是他的归处。

写下《名二子说》时，苏洵距离昔日立下壮志、折节读书已过去了十三年。

"苏老泉，二十七。始发愤，读书籍。"《三字经》里的苏老泉，正是苏洵（苏洵，字明允，号老泉）。

自少年时代起，苏洵就是个荡子，终日嬉游，斗鸡走狗，哪怕是步入婚姻，继而有了孩子，也依旧游荡不学，常令夫人程氏耿耿不乐，忧心丈夫一生泯然众矣。

多年后，苏洵在文章中回顾往昔："洵少年不学，生二十五岁，始知读书，从士君子游。"

二十五岁那年，苏洵的母亲过世，其兄苏涣回乡丁忧。极有可能是受到兄长激励，又亲历生死之悲，苏洵才下定决心与朋友断绝往来，为科举做准备。

从避祸五代之乱开始，蜀人隐于山泽，性情淡泊的地域基因就刻在了骨子里，苏家也已经五代没有出过显赫之辈。苏涣二十四岁考中进士，不仅是蜀地的盛事、家族的荣耀，更重大的意义还在于改变了蜀人"修身于家，为政于乡，皆莫肯仕者"的思想意识，令所有眉山的读书人为之振奋，获得了求取功名的内驱力。其后学者千人，皆因苏涣而起。

苏涣回乡后，苏洵有了想要好好读书的意识，但他真正发愤图强，闭户读书，还是从二十七岁开始。那一年，他在乡试中落第，遭受了人生中的第一次打击。于是痛定思痛，将之前的文稿付之一炬，发誓从头研读诗书经传，胸中文章不成，笔下不书一言。直到孤灯冻席，埋首书卷六年之后，自觉胸中之言已满，方才下笔试之，果然洋洋数千言一气呵成，如江河决堤，雄壮俊伟，势不可当。

遗憾的是，在朝廷为网罗天下贤才，特别给布衣开设的"茂才异等"考试中，苏洵接连两次落榜。

庆历七年（公元1047年）五月，因父亲苏序过世，第三次落榜的苏洵匆匆从外地赶回眉山奔丧，并写下《名二子说》：

轮、辐、盖、轸，皆有职乎车，而轼独若无所为者。虽然，去轼则吾未见其为完车也。轼乎，吾惧汝之不外饰也。

天下之车，莫不由辙，而言车之功者，辙不与焉。虽然，车仆马毙，而患亦不及辙。是辙者，善处乎祸福之间也。辙乎，吾知免矣。

苏洵认为"轮、辐、盖、轸"是构成一辆车的基本部件，平时各司其职，作用十分重要。而"轼"就是一个装饰，看起来也没有作用，顶多为驾车的人充当扶手，但如果没有了"轼"，一辆车就不再完整。

"辙"，即车辆行走的痕迹。前车之辙，可为后车之鉴，但要论起车的功劳来，"辙"通常又不会参与其中。不过，如果一辆车出了事故，即便车毁马亡，"辙"也不会受到牵连，可见"辙"是懂得在祸福之间保全自己的。

苏洵只是担心"轼"不会掩饰自己，害怕有一天"轼"会因为才华太盛，锋芒毕露而受到伤害——历史上这样的事还少吗？

半个世纪后，一个叫杨慎的蜀人读到苏洵的《名二子说》，联系"二苏"的人生,不禁感叹:"老泉之所以逆料二子终身,不差毫厘,可谓深知二子矣。"

显然,苏洵并不具备预知未来的超能力,两个儿子的命运全部被他言中,只是"知子莫若父"。

而《名二子说》,除了是一篇饱含父爱的诫子书之外,还隐藏着苏洵想要登车揽辔、澄清天下的未竟之志。

世间所有的名字都不是秘密,父辈的期望、家族的印记、命运的深意,皆藏于笔画之中。

人生如逆旅,一个人马不停蹄,跋山涉水,名字是他的来处,也是他的归处。

古人的名与字通常有着密切的关联,讲究相对相应,互为表里,或用以补白与阐释,或用以辩证与论述。

如孔子的大儿子孔鲤,字伯鱼,他出生时鲁国国君派人送来一条鲤鱼以示祝贺。李白,字太白,相传他出生前,其母曾梦见白光入怀,疑似太白金星。杜甫,字子美,甫,美男子也。韩愈,字退之,愈,向前。退,向后。李商隐,字义山,他的父亲希望他学而优则仕,仕而优则隐,如商山隐士,高义在山……

眉山苏氏的远祖可溯源到唐代诗人苏味道。

苏味道是赵州栾城人（故苏辙的文集以"栾城"为名），曾官至宰相，在神龙政变（公元705年）中被贬为眉州刺史。苏味道育有四子，除二子苏份外，皆入仕途。苏份不喜当官，自此在眉山安家，开枝散叶，繁衍生息。后裔苏序当家时已是北宋初年。在眉山，苏家大约属于乡绅阶层，数代耕读，诗书传家。苏涣中进士之前，尚未有人出仕。

苏序，字仲先，他是兄弟九人中唯一的幸存者，家族中排行第七，当地人称苏七君。如今翻阅"三苏"文集，其中的"序"字都会被"引"或"叙"替代，也是作者为避先人名讳而为之。

苏序疏达不羁，天真可爱，刚正有侠气。性情上，苏轼与祖父简直同出一辙。

无论是谁，苏序都可以对其敞开心扉，与之相谈甚欢。他还经常戴个瓜皮小帽，骑着小毛驴出门去田间找当地的农夫吃酒。有人问他为何不骑马出行。他说："有甚老于我而行者，吾乘马，无以见之。"

偶有小人侮辱苏序，他也不去计较。他并非懦弱，而是器量弘深。眉山有一座茅将军庙，专门骗人钱财，苏序得知后，带领村民将庙里神像全部砸毁，然后扬长而去。

苏序不爱读书，独喜好作诗，"上自朝廷郡邑之事，下至乡闾子孙畋渔治生之意，皆见于诗"，郡中有官吏欺压百姓，苏序就写诗来讥刺对方，丝毫不惧被报复。

苏序对入仕当官不感兴趣，早年间州府办学，在眉山设县学执事之职，他是眉山大户，却不愿跟人竞争，主动放弃机会，终日出没乡野，日子过得极为安逸。

苏序谦而好施，赠人财物不求回报，荒年时他卖掉田地用以赈济灾民，待丰年时，被救济者准备偿还，他说："是我自己想卖掉那些田地，与你们无关。"他也曾修建大仓用来储粟，在屋前屋后种满芋魁。旁人不解其意，到了灾年，他开仓取粟赈灾，又从地窖挖出芋魁供饥民食用，大家才知道他的远见。粟米性坚，不易霉烂，芋魁亦可久存，可谓充饥良品。

苏序见解精确，格局远大。他曾想尽办法让二儿子苏涣爱上读书。苏涣中进士后，眉山许多学子的家长都来向他取经。他的小儿子苏洵早年不学无术，有人问他为何不管教，他一点都不着急："我的儿子，还需要担心他的将来吗？"后来苏洵虽未考取功名，名气却盖过了他的二哥，成为"唐宋八大家"之一。

苏涣中进士的喜讯传到眉山那天，苏序正和朋友们在城外喝酒吃肉。因儿子登朝，苏序也被朝廷授予了"大理评事"的荣誉官职。当时他的姻亲程家也有人中进士，对方准备大宴宾客，高调宣扬。苏序却是将官府文书与儿子寄来的官帽、官袍等物一股脑儿全塞进布袋，再将手中的半截牛肉也塞进布袋，又随意喊一个村童背上袋子，自己则醉眼蒙眬地戴上一顶滑稽的小帽，倒骑着小毛驴，摇摇晃晃地走在前面。进城路上，大家看着这一老一少，都忍不住捂嘴偷笑。

除苏涣、苏洵外，苏序还有一个大儿子苏澹。

苏澹早逝，留下的史料极少，表字亦不详。只知道三兄弟都是以水字旁的字为名——上善若水，水善利万物而不争，倒也很符合苏序的处世之道。

苏涣最初字公群，后在苏洵的建议下改字"文甫"。苏洵把改字的故事记在了文章里。苏洵在家苦读时，一日读到《易经》中《涣》之六四，爻辞曰："涣其群，元吉。"意思是散释群众的危难为大吉（有利圣人之道）。苏洵细细思索，顿觉兄长的表字有些欠妥："兄长名涣字公群,岂不是用圣人想解散涤荡的东西在命名?"苏涣也觉得有道理,便请弟弟为自己另取表字。几天后,苏洵再翻《易经》,对《涣》中的"风行水上涣"极为喜欢,风行水上,天然去雕饰,涣然而成纹(文),不正是"文甫"吗?苏涣欣然接受。

苏洵的表字则是"明允",意思是"明察而诚信",君子美德之一,也与洵(诚然)对应。

一个人的名字带着家族与血脉的烙印,别号却是个人心意与志趣的投射,如老去后为自己刻下的一枚生命的闲章,寄托着最真的情感,最深的喜好。

如苏轼的别号——"东坡居士","乌台诗案"将他的人生一分为二,被贬黄州后,他躬耕东坡,在精神上步入一段新的生命历程。前半生,他是锋芒毕露、恃才傲物的苏子瞻,满身的少年意气;后半生,他是光而不耀、静水流深的苏东坡。一声"东坡",便有了老友的温暖,有了相视呵呵一笑的松弛,有了一蓑烟雨任平生的安然,也有了大江东去的洒脱豪放。

"颍滨遗老",苏辙晚年时给自己取的别号。那时,他最爱的哥哥已经去世,历经数十年宦海浮沉,世事变幻,他选择定居颍昌,筑室"遗老斋",闭门谢客,终日默坐。那时,不知还有谁会喊他"同叔"?还有谁会与他唱和,写下一首又一首的"兼怀子由"?"苏辙,苏子由",这个名字仿佛也随着哥哥而去了。老去的他,变成了"颍滨遗老",喜欢翻古书,喜欢听夜雨。斯人驾鹤西游去,故旧存者无几矣,夜雨声中,每次回想起往昔的岁月,他都觉得自己是一件留在世间的遗物。

苏洵为何又别号"老泉"?

"老泉",即归老林泉。

妻子程夫人过世后,苏洵拒不续弦,并在"老翁泉"旁边修建了一座亭子以寄哀思,又嘱咐两个儿子,他死后要与妻子同穴而眠,卧听泉声。

"嗟予老矣,四海一身。自子之逝,内失良朋。"在泉水边,苏洵为亡妻写下深情的祭文,一夜苍老。

是同时失去爱人与良朋的孤独,让他在那一刻真正地老去了。

可见,苏轼与苏辙对伴侣的深情也是源于家庭影响。在女性地位相对较低的宋朝，他们对女性的尊重已经超越了时代。

苏洵对程夫人情深意笃，程夫人为了丈夫的前程，也甘当贤内助。昔日苏洵立志读书，程夫人典当首饰，从乡间搬到城中纱縠行，独自操持布匹生意，为丈夫进京做准备。苏洵在外游学之时，程夫人又承担起孩子们的启蒙教育，亲授以书，培养他们的气节与品德。

据苏轼所记，在纱縠行旧宅中，苏家曾有两名婢女熨烫布匹时突然脚陷进地面，然后发现地下有一个大瓮，疑似前人留下的财宝，程夫人却不许发掘，还立即令人将土填好，恢复原样。

苏辙晚年时回忆了一则母亲教子的佳话，后被《宋史》收录。

苏轼童年时，程夫人教他读《后汉书》，读到《范滂传》时，慨然叹息。范滂有澄清天下之志，却因小人排挤陷入党争，为换取朋友的平安，宁愿慷慨赴死。行刑前，范滂与母亲诀别，范母深明大义，她告诉儿子，一个人为理想付出性命是值得的。苏轼在一旁问程夫人："如果我想成为范滂这样的人，母亲同意吗？"程夫人笑言："如果我的儿子可以成为范滂，我为什么不能成为范滂的母亲呢？"

苏轼自此奋厉有当世志。

程夫人出自眉山程家，知书达礼，格局宽广，且是个虔诚的佛教徒，当为贤妻良母的典范。故苏家一门，父义，母慈，兄友，弟恭，子孝。

苏洵的成功，程夫人的支持功不可没。苏轼与苏辙的成就，除了自身的智力因素外，与程夫人的言传身教更是息息相关。如司马光在程夫人《墓志铭》中的评价："贫不以污其夫之名，富不以为其子之累，知力学可以显其门，而直道可以荣于世。勉夫教子，底于光大。"

苏洵与程夫人婚后共育有六个孩子：

长女不到一岁早夭。

次女童年早夭。

三女八娘，也就是笔记小说中"苏小妹"的原型，苏洵对这个女儿极为疼爱。八娘十六岁嫁给表哥程之才为妻，却在婚后遭受婆家虐待。苏洵不顾旁人眼光坚持将女儿接回家中，奈何八娘还是忧郁而终。对于女儿的离世，苏洵十分痛心与悔恨，对程家公开笔诛墨伐后，又发誓与程家决裂，老死不相往来。

长子景先八岁时夭折。

次子苏轼，出生于景祐三年十二月十九日（公元1037年1月8日）。

三子苏辙，出生于宝元二年（公元1039年）二月。

苏洵在《名二子说》中写下了"苏轼"与"苏辙"的取名缘由，还有对儿子的希望与告诫。

苏轼，字子瞻——无论是帝王还是将相，驾车时都要迎风扶轼，才能看清方向。瞻，是"高瞻远瞩"，是期待儿子成为王佐之才的鼓励；也是"瞻前顾后"，是对儿子凡事谨慎小心的叮嘱。

苏辙，字子由——驾车时依辙回首，思索经由，才能不忘来路，从容不迫地抵达目的地，沉着而笃定，宁静以致远。

而在此之前的整个童年时代，兄弟俩的字还是"和仲"与"同叔"。

君子和而不同，在态度上，君子可以与他人保持和睦；在思想上，君子又能坚持自己的独立性，不盲目苟同，随波逐流。

这同样是最好的兄弟相处之道。

"登车揽辔,澄清天下"的志向与才能,"和而不同,和乐且湛"的品德与感情——苏家"父母之爱子,则为之计深远",然也。

有风来自少年时

回首半生,他就像一泓舒缓冷静的湖,仅为道义与哥哥惊涛拍岸。

元祐八年（公元1093年）八月十一日那天，苏轼披衣早起后，看了看天色，离上朝还有一段时间，便假寐了一会儿。

竟很快入梦，又回到了眉山纱縠行。

苏家旧宅，昼长人静，竹林中鸟鸣清脆，一切都是记忆里熟悉的模样。他先是在菜圃间散步，绿油油的蔬菜，金灿灿的萱草花，让他觉得甚是亲切。然后，他来到后园，坐到了"南轩"中，看几位庄客往小池塘运土，土中有两根萝卜，洁白如玉，庄客们喜而分食之。微笑就那般浮上了他的嘴角，于是取下笔来，开始写一篇文章。

落款时，他睁开眼睛，夜幔随之收拢，窗外呈现出鹅蛋色的晨光，鸟雀的鸣啾如响箭破空，明亮的尾音落在耳畔。

他知道，那是离乡千里的汴京的初秋晨光，是礼部尚书苏轼府邸的鸟鸣，是五十八岁两鬓如霜，生命进入倒计时的肉身……不禁惘然思之，浮光掠影，恍若隔世。

只依稀记得梦里落在纸上的句子:"坐于南轩,对修竹数百,野鸟数千。"

撇捺间竹枝摇曳,似有风,来自少年时。

夜梦嬉游童子如,父师检责惊走书。
计功当毕春秋余,今乃始及桓庄初。
怛然悸寤心不舒,起坐有如挂钩鱼。
我生纷纷婴百缘,气固多习独此偏。
弃书事君四十年,仕不顾留书绕缠。
自视汝与丘孰贤,易韦三绝丘犹然。
如我当以犀革编。

——苏轼《夜梦并引》

南轩,即苏轼、苏辙在纱縠行老宅中读书的地方。

在苏轼的回忆里,苏家旧宅始终蒙着一圈柔和的光晕,就像母亲慈爱的目光。南轩经常书声琅琅,飞鸟翔集,竹影、松风与鸟鸣一起倾泻到书桌上:"忆我故居室,浮光动南轩。松竹半倾泻,未数葵与萱。"

苏家花木葳蕤，程夫人又爱鸟护生，到了暮春时节，还可以看到稀有的桐花凤（蓝喉太阳鸟）从苏宅飞出，当地人无不惊奇。桐花凤喜欢吃紫桐花蜜，花开时偶有出现，花落则难觅影踪，它们浑身披着五彩的羽毛，被眉山人视为灵鸟，谓之桐花凤来，必有吉兆。

关于吉兆，苏轼有次在大街上遇见一位云游的道士，道士仔细端详苏轼的样貌后，笃定地说苏轼有"贵人"相，日后定会显达。苏轼当时不以为意，后来果然登科折桂，晚年时回忆起来，便觉得是一件有趣的事。

苏轼还曾在老宅的院子里挖出一枚鱼形石头。石头浅碧色，握在手里温润细腻，里外花纹如银星，叩之则铿然有声。他试着用来研墨，绝佳，唯一的缺憾就是没有储水的地方。他把石头呈给父亲。苏洵平日喜欢亲近山水，收藏金石，看后欣喜地告诉苏轼，那是一方天砚，既然有砚的品德，就不必介意它的形状。苏洵将石头郑重地送给苏轼，又亲手雕刻了一个装砚的木匣，声称那是文星高照的吉兆，家中非苏轼莫属。

"一门父子三词客，千古文章四大家"，如此来看，苏家的确是吉兆应验了。

但毋宁说苏洵相信吉兆,不如说苏洵相信自己的眼光。就像苏洵曾相信儿子非池中之物,他同样认定儿子有一天可以实现两代人的梦想。

接连几次科举落榜后,苏洵将"南轩"改名为"来凤轩",用来辅导孩子们的功课。

在"二苏"兄弟眼里,正襟危坐的父亲也是"父师",平素"燕居如斋,言笑有时",但对他们的学业尤其严厉。

夜梦南轩的四年后,苏轼被贬海南,刚开始无所事事,心情低落。一次梦里又回到童年,在父亲的监督下,硬着头皮通读《春秋》,读了许久,还只读到鲁国十二公中的鲁桓公、鲁庄公(整本书三分之一处),想起父亲的要求,梦醒时依旧犹如挂钩之鱼,心有余悸。

苏洵不仅让兄弟俩博览群书,尝试各种文体,对他们进行细致的指导,父子三人还经常结合史书,对朝政大事进行辩论,总结为政之道、治国之策,针对科考中的诗赋、策论做相应的练习。

苏洵希望有的放矢,儿子们不再走自己走过的弯路。

身为一个科举的失败者,苏洵更深信,业精于勤而荒于嬉,梦想之路绝非坦途,天赋、勤奋、环境、方法、机缘与运气,缺一不可。

苏轼与苏辙,显然具备了以上一切因素,苏洵的用心良苦、谆谆教诲也将很快见到成效。

庆历六年(公元1046年),十一岁的苏轼写下《黠鼠赋》,有句:"人能碎千金之璧,不能无失声于破釜;能搏猛虎,不能无变色于蜂虿:此不一之患也。"意思是一个人可以在打破价值千金的碧玉时不动声色,也难免在打破一口锅的情况下失声尖叫;一个人可以与猛虎搏斗,也可能会被野蜂、毒虫吓得惊慌失措。苏轼的思辨与洞察能力,让苏洵很是欣慰,真是孺子可教也。

不久后,有农人送给苏轼一把"却鼠刀",据说将刀放在几案上,焚香默念之,即可驱散家中的老鼠。苏轼为此又写了一篇《却鼠刀铭》(节选):

有穴于垣,侵堂及室。跳床撼幕,终夕窣窣。叱诃不去,啖啮枣栗。掀杯舐缶，去不遗粒。不择道路，仰行蹑壁。家为两门，窘则旁出。轻趫捷猾，忽不可执。吾刀入门，是去无迹。

苏轼在文中细数老鼠之暴行，尺刀之威力，试图"不战而屈人之兵"，再次获得父亲的称赞。苏洵看完后，用最好的纸把儿子的文章挂在了书房里。

有一次，苏洵在读欧阳修的《谢宣召赴学士院仍谢对衣金带并马表》，那是官员对皇帝赏赐而上呈的谢表。苏洵给苏轼布置作业，让苏轼也模拟一个谢表。谢表是公文中的一种，不仅要写得有文采，而且还要态度恭敬，用典恰如其分。苏轼很快完成，里面有两句"匪伊垂之带有余，非敢后也马不进。"又让苏洵喜出望外。苏洵当即称赞儿子："此子他日当自用之。"入仕后，苏轼果然多次获得皇帝御赐的金带与骏马，从容出入宫门。

苏轼对那枚天砚十分珍爱，还在砚上刻有铭文，置于座右："一受其戒，而不可更。或主于德，或全于形。均是二者，顾予安取？仰唇俯足，世固多有。"似是写砚，实是写人。一个人接受了上天的赋予，就不能更改初心。或品德至上，或保全形体，二者要如何取舍？苏轼没有写，他以一个感叹回答了自己："世间仰人鼻息者本来就很多了。"

当时，苏轼还只有十三岁。

如果说年十岁"闻古今成败，辄能语其要"，近弱冠"学通经史，属文日数千言"的苏轼让苏洵时常感到惊喜，那么沉稳内敛的苏辙，就是让苏洵感到放心，就像苏辙的名字——回首生涯有迹可循，从心所欲而不逾矩。

除了在家读书之外，兄弟俩还曾进入天庆观与寿昌书院学习。

性格外向、思维敏捷的苏轼一直是老师眼中的佼佼者，苏辙沉静寡言，学习时喜欢默默思考，然后有条不紊地说出自己的观点，时常别出机杼。

苏辙年少时曾写下一篇《缸砚赋》，赋前的叙（序）交代了缸砚的由来，说是蜀地有位姓滕的老者，可以用药水将瓦石煮得软糯，用破酿酒缸制作出绝好的缸砚。蜀人往往得之，认为是奇异的宝物。哥哥苏轼有次去成都游玩，在青羊宫的一位道士那里获得一方珍贵的缸砚，回来后马上送给了弟弟。赋云：

有物于此，首枕而足履，大胸而大膺，杯首而箕制。其寿百年，骨肉破碎而独化为是。其始也，生乎黄泥之中；其成也，出乎烈火之下……子不自喜而欲其故，则吾亦谓子恶名而喜利。弃淡而嗜美，终身陷溺而不知止者，可足悲矣。

苏辙先是讲述酒缸的烧制过程，接着在赋中安慰缸砚，不必有身世之悲和境遇之伤，因为酒缸骨肉破碎后，被丢弃在路边，才能化作砚台。虽然从前饮的是酒，但是现在饮的是水，就像笔要经历拔毛，纸要承受捶捣，墨要研磨成汁，笔墨纸砚共同奉献，杀身成仁，吐出文章如云，传示万里，难道不比终日沉溺美酒，其寿百年更好吗？

我们不知道缸砚是否听懂了，但是苏洵读了这篇文章后，将其精心装裱，悬挂于书房。

甚至可以想象，苏洵彼时嘴角溢出的满意的微笑——为儿子的才华，也为儿子的德操与襟抱。

益州刺史张方平素来有"慷慨有节，以度量容天下"的美名。

苏轼、苏辙学成之后，苏洵鼓起勇气写信给张方平，即《上张侍郎第一书》，希望张方平可以考察二子，保举他们参加眉州的乡试。他在信中自剖心路，声称自己年近五十，已绝进取之意，唯独不忍心看着两个儿子步自己的后尘，在眉山泯然众矣。

洵有二子轼、辙，龆龀授经，不知他习，进趋拜跪，仪状甚野，而独于文字中有可观者。始学声律，既成，以为不足尽力于其间，读孟、韩文，一见以为可作。引笔书纸，日数千言，坌然溢出，若有所相。年少狂勇，未尝更变，以为天子之爵禄可以攫取。闻京师多贤士大夫，欲往从之游，因以举进士。

——苏洵《上张侍郎第一书》（节选）

苏洵的信写得近乎谦卑。只有提及二子时，字里行间才流露出一位"父师"的自信与期待。最后，他还郑重地向张方平表示，若所言有虚，愿以性命领欺罔之罪。

据说张方平读完苏氏父子的文章后，以"国士之礼"接待了苏洵。

张方平出题让兄弟俩当场作文，苏轼立马下笔，苏辙摸不准其中一道题的出处，向哥哥求助。苏轼没有说话，只是用毛笔敲了敲桌子，苏辙便心领神会，原来题目出自《管子》。

兄弟俩提交作文后，爱才若渴的张方平不禁大喜。他告诉苏洵，兄弟俩去参加乡试，未免大材小用："乘骐骥而驰闾巷。"

他当即答应苏洵保举兄弟俩去汴京参加解试，对他们的评价更是一语中的："二子皆天才，长者明敏尤可爱。然少者谨重，成就或过之。"

透过苏氏兄弟的言行与文章，张方平看到了他们的品性与命运——在仕途上，谨慎稳重的个性，才是走向高处的必备技能。果然洞若观火，慧眼识珠。

张方平与当时的文坛领袖欧阳修政见不合，但出于爱贤之心，他还是放下了心中的芥蒂，给欧阳修写了一封热情恳切的推荐信，请欧阳修特别关注苏洵，为其谋一份差事。

苏轼、苏辙也不负所望，于这一年八月通过了开封府的举人考试，获得了赴京的考试资格。

若论少年文采，苏辙与哥哥其实不分伯仲。苏辙性静，自识字起就通读百家之书，十五岁即写下《论语略解》《孟子解》，聪明秀出，不逊父兄。

明代散文家茅坤很是推崇苏辙，他认为苏辙的文章自西汉以来，自成一格，或许思想上没有苏洵那么锐利，气势上没有苏轼那么雄壮，但苏辙文章中的冲和与淡泊，迂回与跌宕，也是旁人无法企及，又令人回味无穷的："譬之片帆截海，澄波不扬，而洲岛之棼错，云霞之蔽亏，日星之闪烁，鱼龙之出没，并席之掌上而绰约不穷者已，西汉以来别调也。"

在苏轼眼中，弟弟的文章甚至胜过自己，只是因为苏辙性格比较低调，不愿被人知晓："其为人深不愿人知之，其文如其为人，故汪洋澹泊，有一唱三叹之声，而其秀杰之气，终不可没。"

但在苏辙心里，自己的文章，不过是"稳"而已。哥哥不但是他生活中的亲密玩伴，还是他学习上的榜样与老师——"辙少而无师，子瞻既冠而学成，先君命辙师焉。子瞻常称辙诗有古人之风，自以为不若也""驰骋翰墨，其文一变，如川之方至，而辙瞠然不能及矣"，意思是哥哥二十岁即学有所成，开始受父命教导于他，哥哥写起文章来，就像大川奔泻，他是羡慕不来的,光看一看都惊呆了。

至于两兄弟迥异的性格,或许也能从苏轼写弟弟的诗句"忆子少年时,肺喘疲坐卧。喊呀或终日,势若风雨过"中找到幽微的线索。

"念了似先君,木讷刚且静。"苏轼的诗句里说弟弟的性格像他们的父亲苏洵,刚正不阿,淡然平和。除了遗传父亲的性格之外,苏辙又自小体弱,患有肺疾,稍微一运动就会肺气上逆,呼吸困难,受到刺激更会引发哮喘,终日不能平卧,喉咙里势若风雷。

那么他言行上的谨重与自敛,是否有一部分是源于身体上的自珍?

情绪的大起大落,显然不利于肺疾的疗养。

加之苏辙受《孟子》影响颇深,尤其推崇养气说,以道义养浩然之气,以不动心养浩然之气,然后以浩然之气养文章。

他似乎很早就从前人的文章中提炼了独善其身的智慧,然后一生严谨奉行,大辩若讷而以讷养辩,大巧若拙而以拙养巧,懂得藏锋才能免遭嫉恨。

如此再看苏辙文章的淡泊之气,正是源于他的不动心,不以物喜，不以己悲，与孟子心中的理想一脉相承。

苏轼则自小有着强健的体魄，是个喜欢亲近自然的孩子，对一切未知的事物充满了好奇。

在一首题画诗中，苏轼追忆了童年时的乡村生活，也能看出他豁达乐观的天性。

我昔在田间，但知羊与牛。

川平牛背稳，如驾百斛舟。

舟行无人岸自移，我卧读书牛不知。

前有百尾羊，听我鞭声如鼓鼙。

我鞭不妄发，视其后者而鞭之。

泽中草木长，草长病牛羊。

寻山跨坑谷，腾趠筋骨强。

烟蓑雨笠长林下，老去而今空见画。

世间马耳射东风，悔不长作多牛翁。

——苏轼《书晁说之〈考牧图〉后》

小小年纪的苏轼竟然卧在牛背上读书，在小河中把牛背当成平稳的小船，而且还可以鞭声如鼓，鞭不妄发，这般技术，一日岂能练成？

不用学习的时候，苏轼常带着弟弟到处游玩。

乡下尤其好玩，骑牛牧羊，嫁接果树，采摘野果，饿了就在田间支起折脚鼎，做香喷喷的野菜羹："我昔在田间，寒庖有珍烹。常支折脚鼎，自煮花蔓菁。"

可见成为美食家的天赋，苏轼在童年时就已经藏不住了。

少年时的苏轼与《庄子》大有相见恨晚、深得吾心之意，庄子主张的天人合一，反对的人为物役，都是苏轼所认可的："吾昔有见于中，口未能言，今见《庄子》，得吾心矣。"

通过庄子，苏轼也终于叩开了那个他在门外徘徊多时的逍遥世界，领悟了天地与我并生的奥秘。

昔余少年，从子瞻游。有山可登，有水可浮，子瞻未始不褰裳先之。有不得至，为之怅然移日。至其翩然独往，逍遥泉石之上，撷林卉，拾涧实，酌水而饮之，见者以为仙也。

——苏辙《武昌九曲亭记》（节选）

多年后，苏轼被贬黄州，受牵连被贬筠州的苏辙去看望哥哥，两兄弟涉江而过，同游武昌西山，仿佛重回载酒买花的少年时。

苏辙想起曾经跟着哥哥在故乡的山水间游玩，苏轼总是提起衣裳在前面探路，遇山登山，遇水划船，若有不能抵达的地方，还会怅然若失。有时候，苏轼也一个人翩然入山，高卧于泉石之上，是那般逍遥自在，或一路采撷山林间的花草，捡拾山涧中的野果，渴了就畅饮山泉，有人在山间看到他，以为见到了天上的神仙。

自然山水，似乎为政治上的落魄者提供了一条精神上的返乡路径，而谁又会将少年的意气与天真保持一辈子？

清风拂面，山涧溪流，苏辙的内心是否响起了岁月的回声？

"棠棣之华，鄂不韡韡。凡今之人，莫如兄弟。"

看着林间盛开的棠棣，黄色的小花散发出淡淡的香气，他是否想到了与哥哥一起在南轩读过的诗句？

回首半生，他就像一泓舒缓冷静的湖，仅为道义与哥哥惊涛拍岸。

那一刻，望着哥哥的背影，他又看到了那个寄情自然、飘逸洒脱的少年，站在泉石之上，宛若神仙。

当真是人生如梦。

出四川记

出川之后即名扬天下的蜀人,汉代有司马相如与扬雄,唐代有陈子昂与李白,宋代为何不能是苏轼与苏辙呢?

苏轼、苏辙第一次出川，是在嘉祐元年（公元1056年）的春天。

父子三人走的陆路。

出川之路山高水险，川陕间五百里的凌空栈道，稍有不慎就会掉落悬崖。

那条秦代修筑的古栈道，林木森森间日光斑驳，金戈铁马声犹在，也曾留下过得意的身影和落寞的长叹："蜀道之难，难于上青天……黄鹤之飞尚不得过，猿猱欲度愁攀援。"

比蜀道更难的是入仕之路。这一点，屡次落榜的苏洵感受更为深刻。

苏洵年近五十，依旧不苟言笑，心事沉沉。日影西斜，他骑马走在最前面，影子落在地上，也像一声长叹。

这是他第四次出川，内心不免五味杂陈。

第一次出川时,他也像两个儿子一样踔厉奋发吧?

"少年喜奇迹,落拓鞍马间。纵目视天下,爱此宇宙宽。山川看不厌,浩然遂忘还。"

苏洵年轻时写的诗,那笔下的春风,已变成了肩上的风霜。

二十年前的春天,苏洵去汴京参加礼部的进士考试,遗憾落榜。

现在,他又一次走上了那条理想之路,春风还是从前的春风,山水还是从前的山水,但他的内心确实有些东西不一样了。

他的眼睛里似乎多了一份不甘沉沦、孤注一掷的悲壮。对京城的向往依旧炽热,对妻子独撑家业依旧感到愧疚——父子三人同赴京师,家中自然要背负更大的经济压力。在写给张方平的信中,他没有隐藏内心的矛盾:"一门之中,行者三人,而居者尚十数口。为行者计,则害居者;为居者计,则不能行。"

当然,最后他还是和儿子们一起出发了。

或者说儿子们展露出来的才华,给了他一份别具意义的动力。

对于苏洵自己来说,科举之念已绝,但仕进或许有希望呢?

入仕之路除了科举与门荫,若能得到朝中官员的极力举荐,贤能之士也不是没有机会。他的故旧、雅州知州雷简夫,读了苏洵的文章后,说他有"王佐之才"。

雷简夫还数次写信给张方平,关心苏洵的工作。张方平想请苏洵担任成都学官,可惜朝廷那边杳无音信。张方平只好一次次写信给欧阳修,让欧阳修千万不要错失贤才。

所以,苏洵也想再次进京觅得一丝转机,将自己从往昔的屈辱中,连根带梢地拔出来。

因为八娘的去世,苏洵与程家已断绝往来,然而那些摧枯拉朽的痛苦与羞辱要如何断绝?

失去爱女本是人生之大痛,程家对他名落孙山、学业无成的辱骂更是诛心之言,字字如刀。自尊心受到极大打击的他甚至一度想搬离眉山。

虽说眉山土地肥沃,江水清滑,鲤鱼鲜美,但他不愿再与小人为伍。

岷山之阳土如腴,江水清滑多鲤鱼。
古人居之富者众,我独厌倦思移居。

平川如手山水蹙，恐我后世鄙且愚。

经行天下爱嵩岳，遂欲买地居妻孥。

晴原漫漫望不尽，山色照野光如濡。

民生舒缓无夭扎，衣冠堂堂伟丈夫。

吾今隐居未有所，更后十载不可无。

闻君厌蜀乐上蔡，占地百顷无边隅。

草深野阔足狐兔，水种陆取身不劬。

谁知李斯顾秦宠，不获牵犬追黄狐。

今君南去已足老，行看嵩少当吾庐。

——苏洵《丙申岁，余在京师，乡人陈景回自南来，弃其官，得太子中允，景回旧有地在蔡，今将治园圃于其间以自老。余尝有意于嵩山之下，洛水之上，买地筑室，以为休息之馆，而未果。今景回欲余诗，遂道此意。景回志余言，异日可以知余之非戏云尔》

苏洵在京师的时候，有位四川老乡辞官来到京城，得了个太子中允的官，声称不喜欢蜀地，想在河南上蔡修筑个园子，给自己养老，让苏洵心有戚戚，深深共鸣。苏洵把自己的愿望写在诗里,大力褒扬嵩山洛水的风土人情,还表明自己不是开玩笑。

不过是对那件事无法释怀。

有意思的是,诗的名字和诗一样,也是一段幽微而漫长的心事。

对于初出茅庐的苏氏兄弟来说,出川之行有对母亲的牵挂,有对妻子的不舍,但更多的,还是对于向理想之门迈进的期待与兴奋。

那样的兴奋冲淡了道路的崎岖、旅程的艰辛,蜀道危乎高哉又如何,人生的新篇章已在前方徐徐开启,正等待着他们挥毫泼墨,泼洒荣光。

时间飞逝,出川前,兄弟俩皆已婚配。

苏轼的妻子王弗是眉州青神县人,乡贡进士王方之女,性情贤淑,聪敏能干,有程夫人之风。

在苏轼的回忆里,王弗冰雪聪明,记忆力超群。婚后声称自己读书甚少,见夫君读书,便在一旁静静陪伴。后来,苏轼背书，偶有忘记的地方，王弗竟能记得。

除此之外，王弗还善"幕后听言"。苏轼性格天真，看天下无一不是好人，在凤翔做官时，得益于王弗的"旁观者清"，时常对他旁敲侧击，让他免于被小人利用。

有一次，天降大雪，苏轼发现凤翔官舍的一棵古柳树下有一尺见方的地方没有积雪，天晴后，那里还会拱起数寸来，勾起了他极大的好奇心，猜想是不是前人埋藏丹药的地方，就想马上挖开看看。王弗得知后，提醒丈夫："如果婆婆在，肯定不会这样做。"苏轼想起母亲曾不让人挖开纱縠行旧宅中的大瓮，顿觉惭愧不已，便打消了念头。

如此美好的女子，仅陪伴苏轼十一载，二十七岁病逝于汴京。十年后，两鬓如霜的苏轼在密州夜梦亡妻，思念无处倾诉，遂写下《江城子·乙卯正月二十日夜记梦》："十年生死两茫茫。不思量，自难忘。千里孤坟，无处话凄凉。纵使相逢应不识，尘满面，鬓如霜……"感人至深，字字千金。

若非情深义重，何来痛彻心扉？

纵然他智慧通透，看破生死，那一刻，依旧难以对抗天人永隔的悲伤。

因此，他也永远无法成为超然的庄子，庄子面对妻子过世，可以鼓盆而歌，仿佛是在为远行者祝福。而他在情义面前，到底只是一个温柔的凡人。

春风拂面，马蹄嘚嘚，出川之路上，离家乡越来越远的他，行囊里背着妻子准备的衣物，思念被轻轻压放在心底，尚是英姿勃发的少年，对命运的安排一无所知。

不知他有没有想起一位李白的仰慕者赞美蜀人的话："自盘古划天地，天地之气，艮于西南。剑门上断，横江下绝，岷峨之曲，别为锦川。蜀之人无闻则已，闻则杰出。"

出川之后即名扬天下的蜀人，汉代有司马相如与扬雄，唐代有陈子昂与李白，宋代为何不能是苏轼与苏辙呢？

如果能看见苏轼当时的眼神，想必是清澈明亮，温和有光。

他一生浪漫多情，多年后被贬黄州，曾在秋雨绵绵的季节写了一首诗送给朋友，就是来自初次出川途中的一个梦境。

当日父子三人路过骊山华清宫后，苏轼竟在夜间梦见唐玄宗。唐玄宗令他赋诗赞美杨贵妃，他便赋了一首《太真妃裙带词》：

百叠漪漪水皱，六铢继继云轻。

植立含风广殿，微闻环佩摇声。

苏轼醒来时，华清宫遗址已变成身边的残垣断壁、荒烟蔓草，六宫的粉黛与绝世的红颜也都成了泥下的白骨，而梦中所写的诗句字字清晰，耳边似还有贵妃环佩轻摇的声音，裙带拂过空气的暗香，犹如穿越了时间甬道，梦回了一次大唐盛世。

奇妙的是，很多年后，在杭州做官的他又做了一个梦，是这个梦的续集。

他梦见宋神宗将他召入宫中，很多宫女围在一旁侍候，有位穿红衣的女童捧着一只红靴子。宋神宗令他为那只靴子作一篇铭文，醒来他记得其中一联是："寒女之丝，铢积寸累；天步所临，云蒸雾起。"

宋神宗看过铭文后，称赞他才思敏捷，又让宫女送他出去。

就在那一刻，他瞥见宫女裙带间有一首六言诗，正是他多年前路过华清宫后在梦中写过的《太真妃裙带词》。

如今总有人说,这两个梦是苏轼的春梦,有着朦胧的意味。

但与其说是隐晦的春梦,不如说是少年时的他对才华的自信,以及晚年时的他对故人、对旧事、对往昔时光的怀想。

"云想衣裳花想容,春风拂槛露华浓",只有大唐最有名的诗人,才有为杨贵妃写新词的机会。

而苏轼,偏偏就在梦中遇到了。也正因为是梦,才越发显得妙不可言。

梦到宋神宗的时候,苏轼应是第二次在杭州当官,此时宋神宗驾崩已有数年。但昔日与大臣讨论他和李白的皇帝正是宋神宗。

苏轼被贬黄州时,宋神宗多次想召他回京。一天正在读他的诗词,便问身边的几个臣子,苏轼可以与哪位前人相比。

有人提到了李白。

宋神宗却认为李白虽有苏轼的才华,却没有苏轼那种渊博的学识,或者说,没有苏轼那种匡扶社稷的能力,爱惜之情溢于言表。

只是当苏轼被手诏召回不久,宋神宗就驾鹤西去了,成了一个特别的故人。

苏辙十七岁结婚，娶的是眉山大户史家的姑娘。

苏辙对妻子的记录极少，只在晚年的诗中出现了妻子的若干侧影。他一生未纳妾，也没有与任何女子传出风流佳话或香艳情事，他对妻了忠诚而质朴的爱意，在官员纳妾与狎妓都稀松平常的古代，实属罕见。

而且，雷简夫曾有意把女儿许配给苏辙，与苏洵结为儿女亲家，却被苏辙婉拒。他与史家姑娘虽只是口头婚约，但君子一诺，五岳为轻，又岂有反悔的道理。雷简夫听后不但没有生气，反而对苏辙愈加喜欢。

那么第一次出川的苏辙在想些什么？

辙生十有九年矣。其居家所与游者，不过其邻里乡党之人；所见不过数百里之间，无高山大野可登览以自广；百氏之书，虽无所不读，然皆古人之陈迹，不足以激发其志气。恐遂汩没，故决然舍去，求天下奇闻壮观，以知天地之广大。过秦、汉之故都，恣观终南、嵩、华之高，北顾黄河之奔流，慨然想见古之豪杰。至京师，仰观天子宫阙之壮，与仓廪府库、城池苑囿之富且大也,而后知天下之巨丽。见翰林欧阳公,听其议论之宏辩,观其容貌之秀伟,与其门人贤士大夫游,而后知天下之文章聚乎此也。

太尉以才略冠天下,天下之所恃以无忧,四夷之所惮以不敢发,入则周公、召公,出则方叔、召虎,而辙也未之见焉。且夫人之学也,不志其大,虽多而何为?辙之来也,于山见终南、嵩、华之高,于水见黄河之大且深,于人见欧阳公,而犹以为未见太尉也。故愿得观贤人之光耀,闻一言以自壮,然后可以尽天下之大观而无憾者矣。

——苏辙《上枢密韩太尉书》(节选)

第二年考中进士后,为了拜谒韩琦,苏辙写下《上枢密韩太尉书》,在京城一鸣惊人。

韩琦何许人也?史书里说他风骨秀异,文韬武略,曾与范仲淹共同抵御西夏,并称"韩范","至于临大事,决大议,垂绅正笏,不动声色,而措天下于泰山之安,可谓社稷之臣矣!"

时任枢密使的韩琦离宰相仅一步之遥,干谒这样的人物,一味吹捧,难免轻浮,若卑躬屈膝,又显得小家子气。

换成今天的逻辑或许是——写韩琦,就不能只写韩琦,写干谒,就不能只写干谒。

而苏辙文章写得英气勃勃,态度也真诚谦逊,恰到好处地展示了自己超高的情商与智商,让韩琦很快将他收为弟子。

《古文观止》更是称赞此篇"立言在彼,绝妙奇文"。他以写文养气引出名山大川、贤士豪杰;以名山大川、贤士豪杰引出欧阳修;最后以欧阳修引出求见韩琦,迂回顾盼,声东击西,不卑不亢,举重若轻。

出川的路上,没有文字记录下苏辙的心情。

相比情感外放、烂漫诙谐、口才绝佳又喜欢热闹的哥哥,苏辙总是容易被忽略的那一个。

不过,翻阅他的文集,也不难看到那些被时间掩藏的草蛇灰线,以及优美的文采之下,曲折幽深的情感痕迹。

譬如从《上枢密韩太尉书》这篇文章,就可以推测,那位跟在父兄身后的十九岁的清瘦少年,心里装着对英雄人物的仰慕,也充满了对广阔天地的向往。

出川前,在家乡眉山,他交游的范围十分有限,无高山可登,无旷野可览,极目之处,不过数百里的世界。虽读书颇多,却都是古人陈迹,无法激发志气。

出川后,他一路在咸阳观赏秦朝明月,在长安感受盛唐气象,翻越巍峨的终南山,仰望嵩山之雄壮,华山之灵秀,看黄河之水奔腾不息,想起仗剑去国,辞亲远游的李白,便越发觉得"以为文者气之所形,然文不可以学而能,气可以养而致"。

故,"我善养吾浩然之气"的孟子,其文宽厚宏博,气势充乎天地之间;司马迁广览四海名山大川,与燕、赵豪俊交游,文章便显得疏荡,具备奇伟之气。

如此青年才俊,出川时的鲲鹏之志又怎会在兄长之下?

日后闻达天下,位极人臣,也都在情理之中。

四海一子由

苏轼喜欢吃一家店铺的软糖,苏辙路过时便买上一包,拎在手里。远远看他们的背影,也觉得温风如酒,汴河的灯影美得不似人间。

"四海一子由"这句话,苏轼在他的诗里写过两次。

是手足之爱的告白,是兄弟之情的注脚,也是生命历程的回眸。

都是写给朋友的诗。一次是给晁端彦,一次是给李常。

然而,他给朋友写诗,一提笔,就想到了苏辙。

人生短短数十载,幸好有文字,如松脂,将记忆温柔地包裹,凝成透明又芬芳的琥珀。

我年二十无朋俦,当时四海一子由。
君来扣门如有求,颀然鹤骨清而修。
醉翁遣我从子游,翁如退之蹈轲丘。
尚欲放子出一头,酒醒梦断四十秋。
病鹤不病骨愈虬,惟有我颜老可羞。
醉翁宾客散九州,几人白发还相收。

我如怀祖拙自谋,正作尚书已过优。

君求会稽实良筹,往看万壑争交流。

——苏轼《送晁美叔发运右司年兄赴阙》

晁端彦,字美叔,出自北宋晁家,望族之后,还是翰林学士欧阳修的学生。而苏轼不过是一个来自西蜀的乡野少年,晁端彦为何要主动登门求交?

无他,唯才华耀世尔。

此诗苏轼有小注:"嘉祐初,轼与子由寓兴国浴室,美叔忽见访。云:吾从欧阳公游久矣,公令我来,与子定交,谓子必名世,老夫亦须放他出一头地。"

"三苏"父子从家乡抵达汴京后,寓居在兴国寺浴室。苏洵研习治国之策,开始与京城的名人交往,试图摆脱"草野泥涂"之身,位列朝班;兄弟俩则在寓所读书,安心备考。

嘉祐二年(公元 1057 年)二月,在礼部省试中,苏轼、苏辙同登进士第,主考官正是欧阳修。

当时考试的科目为:诗、赋、论各一篇,时务策五道。诗赋考察文采与审美,策论考察谋略与政见,或者说,考察的是一名优秀的士大夫所具备的能力与条件。

为避免徇私舞弊,宋代科举采用糊名制。据《宋史》所记,考官梅尧臣阅策论卷时,看到一份天才之作,遂推荐给主考官欧阳修。欧阳修阅后也是又惊又喜,爱不释手,却疑心那篇论文出自弟子曾巩笔下,最后为避嫌,只好忍痛割爱,将其分数列为第二名。待分数确定,榜单公开,欧阳修才知道,真正的作者是眉山少年苏轼。

苏轼——这个名字让欧阳修不由得汗出,后生可畏,后生可喜!

如此,欧阳修才让晁端彦去拜访苏轼,与苏轼交朋友。

在亲友与门生面前,欧阳修声称苏轼的才华让他自叹不如,来日定当出人头地,闻名于世:"有朝一日,苏轼的文章必定独步天下。三十年后,文坛将无人再提及我欧阳修的名字。"

比苏轼年长两岁的晁端彦身材挺拔修长,有病鹤之姿,幽独孤清。他把欧阳修的话带给了苏轼,与苏轼一见如故。

就这样,在汴京的春风中,晁端彦成了苏轼出川后正式结交的第一个朋友,从此开启了苏家与晁家几代人之间根深枝茂的渊源与情谊。

三十五年后的春天,苏轼去扬州任知州,不久晁端彦以江淮发运使的身份还朝,苏轼写诗相赠,提及人生中的初见,不禁感慨万千。

苏轼感叹晁端彦风采依旧,而自己却容颜老去,羞于见故人;感叹醉翁欧阳修的门人遍及天下,如今却没有几个能够聚首。

苏轼还将醉翁欧阳修比作韩愈,将欧阳修变革文风、力矫时弊的行动比作韩愈的古文运动。

从"知其不可为而为之"到"虽千万人吾往矣",孟子继承了孔子的思想,为民请命多次面刺国君;韩愈一生仕途坎坷不改其志,以报效国家、复兴儒学为己任;在精神上,欧阳修师承韩愈,同时也是孔孟之道的奉行者。

而当孔子、孟子、韩愈、欧阳修远去后,苏轼便恰到好处地出现了。

思想政治方面,苏轼在礼部考试中所写的《刑赏忠厚之至论》可谓完美地阐述了"以仁治国"的观点与方针:"可以赏,可以无赏,赏之过乎仁;可以罚,可以无罚,罚之过乎义。过

乎仁，不失为君子；过乎义，则流而入于忍人。故仁可过也，义不可过也。"文采飞扬，笔意汪洋，气象峥嵘，加之志同而道合的亲切，欧阳修被彻底打动了。

文学立场方面，苏轼的答谢信更是字字深得欧阳修之心。文教衰落，风俗靡靡，必先澄其源，疏其流，而吾辈责任在肩："轼窃以天下之事，难于改为。自昔五代之余，文教衰落，风俗靡靡，日以涂地。圣上慨然太息，思有以澄其源，疏其流，明诏天下，晓谕厥旨。于是招来雄俊魁伟敦厚朴直之士，罢去浮巧轻媚丛错采绣之文，将以追两汉之余，而渐复三代之故。"

提倡简而有法和流畅自然，反对浮靡雕琢和怪僻晦涩。那一刻，对于欧阳修来说，苏轼不仅是他的得意门生，还是他并肩战斗的朋友、心意相通的知音和科举取士的标杆。

对于苏轼来说，欧阳修又何尝不是他的朋友、他的知音、他的伯乐和他的榜样？

欧阳修被誉为千古伯乐，苏轼提携后辈同样倾其肺腑之言，不遗余力。

晁端彦的儿子从小受到苏轼的指点，情同父子。苏轼被贬英州的时候,晁说之为他送行,苏轼又欣慰又伤感,酒后大声唱《阳关曲》,竟把自己唱哭了。

黄庭坚曾把晁说之的堂弟晁载之的文章拿给苏轼看,苏轼一眼看出其中的缺点,担心伤害了年轻人的进取心,故提醒黄庭坚一定要委婉转告,多说鼓励之言,建议的话不要说得太直白了。

晁端彦的侄儿晁补之十七岁在杭州谒见苏轼,苏轼读其文章,赞其文博辩隽伟,绝人远甚,必显于世,并叹道:"吾可以搁笔矣!"

苏轼在扬州时,晁补之将堂弟晁咏之的文章呈给苏轼看,苏轼读完,十分喜欢,还打趣晁补之:"如此有才华的少年,怎么不早点介绍给我认识呢?"后晁咏之来拜见,苏轼更是亲自下堂迎接,又在众宾客面前称其为旷世奇才。

"尚欲放子出一头""吾可以搁笔矣"——苏轼的远见与胸怀,丝毫不输醉翁欧阳修。

在时间的河流上夕拾朝花,苏轼给晁端彦写诗的时候,醉翁欧阳修已经故去二十年了。

苏轼也不知道,彼时他眼中一如初见时清俊的晁美叔,二年后即猝然长逝。

而他自己也将在十年后,与晁美叔重逢,又在数十年后,获得了一个与醉翁欧阳修相同的谥号——文忠。

苏轼与醉翁欧阳修若泉下有知,定会相视而笑,心生欢喜。

此外,在送给朋友李常的诗里,苏轼写道:"嗟予寡兄弟,四海一子由。故人虽云多,出处不我谋。"

二十岁前,苏辙是苏轼唯一的兄弟,唯一的朋友。

二十岁后,苏轼交游遍天下,有密友,有知己,有贵客,有赏心人,也有"三杯吐然诺,五岳倒为轻"的生死之交,但若要在这些关系与情感上加一个最字,放眼世间,唯有苏辙。

他们的感情,一如《宋史》所云:"辙与兄进退出处,无不相同,患难之中,友爱弥笃,无少怨尤,近古罕见。"

他们一个天真洒脱,一个沉静笃厚,既是骨肉同胞的兄弟,奋发读书的同学,朝夕相处的玩伴,还是文学上的师徒,仕途上的贤友,精神上的知音,四海之内同呼吸共命运,可以为对方的人生兜底的人。

在苏轼耀眼的光芒之下,苏辙也并非哥哥的影子,而是与其并肩的双子星。

古之君子立于天下，非有求胜于斯民也。为刑以待天下之罪戾，而唯恐民之入于其中以不能自出也；为赏以待天下之贤才，而唯恐天下之无贤而其赏之无以加之也。盖以君子先天下，而后有不得已焉。夫不得已者，非吾君子之所志也，民自为而召之也。故罪疑者从轻，功疑者从重，皆顺天下之所欲从。

且夫以君临民，其强弱之势、上下之分，非待夫与之争寻常之是非而后能胜之矣。故宁委之于利，使之取其优，而吾无求胜焉。夫惟天下之罪恶暴著而不可掩，别白而不可解，不得已而用其刑。朝廷之无功，乡党之无义，不得已而爱其赏。如此，然后知吾之用刑，而非吾之好杀人也；知吾之不赏，而非吾之不欲富贵人也。使夫其罪可以推而纳之于刑，其迹可以引而置之于无罪；其功与之而至于可赏，排之而至于不可赏。若是二者而不以与民，则天下将有以议我矣。使天下而皆知其可刑与不可赏也，则吾犹可以自解。使天下而知其可以无刑、可以有赏之说，则将以我为忍人，而爱夫爵禄也。

圣人不然，以为天下之人，不幸而有罪，可以刑，可以无

刑，刑之，而伤于仁；幸而有功，可以赏，可以无赏，无赏，而害于信。与其不屈吾法，孰若使民全其肌肤，保其首领，而无憾于其上；与其名器之不僭，孰若使民乐得为善之利而无望望不足之意。呜呼！知其有可以与之之道而不与，是亦志于残民而已矣。且彼君子之与之也，岂徒曰与之而已也，与之而遂因以劝之焉耳。故舍有罪而从无罪者，是以耻劝之也；去轻赏而就重赏者，是以义劝之也。盖欲其思而得之也。故夫尧舜、三代之盛，舍此而忠厚之化，亦无以见于民矣。

——苏辙《刑赏忠厚之至论》

苏氏兄弟的两篇《刑赏忠厚之至论》皆以忠厚为原点，旁征博引，阐发仁政，无论是从结构、文辞，还是从思想的角度来看，都是不可多得的佳作。

如果非要论一个高下，或许，苏轼就赢在"独立之精神，自由之思想"。

苏轼在《刑赏忠厚之至论》中引用了一个典故来论证尧与皋陶（尧帝时代的一个司法官）对刑法的互相制约，认为要谨慎使用刑法："将杀人，皋陶曰'杀之'三，尧曰'宥之'

三,故天下畏皋陶执法之坚,而乐尧用刑之宽。四岳曰:'鲧可用。'尧曰:'不可,鲧方命圮族。'既而曰:'试之。'何尧之不听皋陶之杀人,而从四岳之用鲧也?然则圣人之意,盖亦可见矣。"

"言必有处"的欧阳修后来一本正经地问苏轼,皋陶三次想杀一个凡人,但三次都被尧帝宽赦,此典故出自哪一本书。

苏轼坦然一笑:"想当然耳。"

欧阳修惊呆了。

苏轼又毕恭毕敬地说:"昔日学生读《三国志·孔融传》,曹操灭袁绍后,将袁绍的儿媳赏给儿子曹丕。孔融劝诫道:'当年武王伐纣,将妲己赏给周公。'曹操问孔融,此事出自哪一本书,孔融则说:'以今推古,想当然耳。'所以学生想,我大宋的明君,也一定会和尧帝一样仁德。"

欧阳修听后,不但没有生气,反而大笑道:"善读书,善用书,他日文章必独步天下。"

师古而不泥古,是一种智慧,是一种胸怀,更是成为千古风流人物的必经之路。如此,才能从古人设置的框架中跳脱出来,成为独一无二的自己,拥有自己的天地。

礼部考试之后就是殿试。苏轼赐进士及第，苏辙赐同进士出身。

入仕之门终于为"二苏"打开了。

嘉祐二年（公元1057年）的进士及第榜，也被称为"千古第一榜""科举史上最熠熠光辉的一榜"，前无古人，后无来者，其中共三人位列"唐宋八大家"，共九人官至宰相，共二十四人青史留名。

除苏轼、苏辙外，还有——

曾巩，江西南丰人，出身儒学世家。名臣之后，苏轼好友，"唐宋八大家"之一，世称"南丰先生"。

曾布，曾巩的四弟，王安石变法中的核心人物、骨干力量，后拜相。

王韶，北宋名将，文韬武略，战无不胜。曾孤身入吐蕃，写出《平戎策》，定"收复河湟，招抚羌族，孤立西夏"方略，获宋神宗认可。熙河一战，开疆二千里，为国家收复六州，一举扭转宋夏战争的局势。

章惇，铁腕政治家，王安石的得力干将，后走上相位。与苏轼从朋友到政敌。

章衡，进士榜中的总分第一名，来自福建的天才少年，章惇的族侄，苏轼的好友。苏轼曾说，"子平（章衡）之才，百年无人望其项背"。

吕惠卿，王安石的助手，后拜相。历史上对其褒贬不一。

程颢，世称"明道先生"，"程朱理学"的奠基人，与胞弟程颐并称"二程"，兄弟俩都是周敦颐的弟子。

程颐，思想家，"二程"之一，曾做过西京国子监教授，与哥哥程颢上承孔、孟，创"天理"学说，下启朱熹理学、王阳明传心说。

张载，世称"横渠先生"，"二程"的学生。"为天地立心，为生民立命，为往圣继绝学，为万世开太平"的儒学真谛，就是出自其笔下，故称"横渠四句"。

林希，官至翰林学士、同知枢密院事，与曾巩交往甚密，与苏轼、苏辙亦有交情。《宋人轶事汇编》中记载，林希在登科后专门写了一副对联送给苏辙：

父子以文章冠世，迈渊、云、司马之才；

> 兄弟以方正决科，冠晁、董、公孙之对。

林希褒扬"三苏"的文章超越了他们的同乡文学家王褒、扬雄、司马相如，又称赞兄弟俩的策论可以与晁错、董仲舒、公孙弘比肩——此三人都是帝王师级别的人物，学问、口才俱佳。在礼部《春秋》对义的考试中，苏轼又获得第一名，苏辙同样名列前茅。

林希的对联自然有恭维的成分，但从中也可以看出，当时"三苏"的名气已经在京城传播开来。很快便又有"苏文熟，吃羊肉；苏文生，吃菜羹"的民谣在举子间传唱。苏洵的《权书》《衡论》《几策》，更是一时洛阳纸贵。

苏洵的才华得到了欧阳修的喜欢与关注。欧阳修没有辜负张方平的厚望，他带着苏洵结交了许多京城的高官与士人，并与梅尧臣一起向朝廷举荐苏洵，在《荐布衣苏洵状》中称苏洵"其论议精于物理而善识变权，文章不为空言而期于有用。其所撰《权书》《衡论》《几策》二十篇，辞辩闳伟，博于古而宜于今，实有用之言，非特能文之士也"，请求皇帝重用苏洵。

然而苏洵一直没有等到朝廷的任用。

梅尧臣写诗给苏洵,表扬苏轼的文章有孟轲之风,说苏轼、苏辙都是雏凤清声,定将翱翔万里,让百鸟收敛羽翼,不敢高飞。这是祝贺,是鼓励,也是慰藉:"岁月不知老,家有雏凤凰。百鸟戢羽翼,不敢呈文章。"

苏洵百感交集,仰天长叹:"莫道登科易,老夫如登天。莫道登科难,小儿如拾芥。"

登科后的苏辙在京城交的第一个朋友可是林希?

并无文字记载。

只知道后来宋神宗派遣林希出使高丽,苏辙给林希写了两首诗,其中有"但将美酒盈船去,多作新诗异域传"的勉励与祝福。

他到底性情内敛,交游寥寥。

譬如回信给黄庭坚,提及对方的舅舅李常,也不过是"相知不疏",语气间带着淡淡的疏离。

不似他的哥哥苏轼,同榜进士中,大部分都是他的好友。

苏轼与林希的唱和也持续到了暮年,一直到章惇拜相,林希选择追随章惇,主动与苏轼割席,在草拟的罪状中极力诋毁

"三苏",两个人的关系才从朋友变成政敌。

还有蒋之奇。

蒋之奇是江苏宜兴人,江南才子,俊逸奔放。殿试之后,皇上请所有的新科进士到琼林苑参加"琼林宴",蒋之奇与苏轼邻座,两人相谈甚欢。席间蒋之奇说起家乡,长江以南,太湖以西,山明水秀,物产丰美,谷雨过后,阳羡(宜兴)茶芳香冠世……苏轼听得兴起,当即说以后要去宜兴买地,与蒋之奇做邻居。

只是琼林宴席上春风得意的苏轼又如何知晓,多年后,一次痛苦的流放竟意外成全了他与宜兴的缘分,让他差点定居宜兴,买田筑屋,当个地地道道的农民。

很多年后,苏辙还记得那场皇宫里的盛宴。

在盛大的欢喜中,有很多人都喝醉了。

也有很多人不饮自醉。

值得用数十年如一日的寂寞与苦寒换取的荣耀与明亮,一生中又能有几回?

从寒窗苦读到一朝登科,少则十余载,多则数十年。"三十老明经,五十少进士",这一年曾巩三十九岁,张载三十八岁尚算年轻进士,如苏辙那般年纪已是旁人眼中的天选之子,雏凤英才。

苏辙也难得微醺一场。

这一夜在虹桥边,苏轼与蒋之奇把臂同游,开心得像个孩子。

苏辙与哥哥到汴京将近一年,但真正松弛下来,还是在金榜题名之后。

那一刻,似乎人间的富丽与梦幻,都尽在眼前。

他内心的那根弦,也终于松弛了一点。

四海一子由,一生一子瞻。苏轼喜欢吃一家店铺的软糖,苏辙路过时便买上一包,拎在手里。远远看他们的背影,也觉得微风如酒,汴河的灯影美得不似人间。

多年后,一个叫孟元老的文人将他记忆里的北宋皇城记在一卷《东京梦华录》里,一如琥珀,相隔千年打开,依旧有灯宵月夕的风雅,花光满路的香气:

举目则青楼画阁,绣户珠帘。雕车竞驻于天街,宝马争驰于御路,金翠耀目,罗绮飘香。新声巧笑于柳陌花衢,按管调弦于茶坊酒肆。八荒争凑,万国咸通。集四海之珍奇,皆归市易;会寰区之异味,悉在庖厨。

那场华胥大梦,浮世灯火,苏轼与苏辙也曾身在其中呢。

两地书

三年的纸上陪伴，兄弟俩在精神的世界里互为光亮，也互为故乡；互为坐标，也互为后盾。

文王梦熊，渭水泱泱。凤翔位于渭水之滨，相传秦穆公之女在此吹笛，引凤翱翔而得名。到了北宋，此地因与西夏交界，又成了国家的军事重地。

凤翔也是苏轼从文学青年成长为士大夫的第一站。

但到任后的很长一段时间里，苏轼都无法从乡愁中走出。或者说，无法从思念苏辙的愁绪中走出，离开故乡的日子，苏辙就是故乡。

花开酒美盍不归，来看南山冷翠微。
忆弟泪如云不散，望乡心与雁南飞。
明年纵健人应老，昨日追欢意正违。
不问秋风强吹帽，秦人不笑楚人讥。
——苏轼《壬寅重九不预会独游普门寺僧阁有怀子由》

壬寅重九,即嘉祐七年(公元1062年)的重阳节。苏轼没有去参加官府宴会,而是一个人去了普门寺,然后给苏辙写信。

他告诉苏辙,独在异乡,宴会上的美酒与好花都是寡淡的。还不如去看一看终南山,在山中,一个人安静地流泪。山上大雁南飞,仿佛带走了他的心。

据说人老了,就喜欢追忆往昔的时光。

莫非是老了?或许就像古诗里说的:"思君令人老,岁月忽已晚。"他分明才二十七岁,却已经尝到了苍老的滋味。

岐阳九月天微雪,已作萧条岁暮心。
短日送寒砧杵急,冷官无事屋庐深。
愁肠别后能消酒,白发秋来已上簪。
近买貂裘堪出塞,忽思乘传问西琛。

江上同舟诗满箧,郑西分马涕垂膺。
未成报国惭书剑,岂不怀归畏友朋。
官舍度秋惊岁晚,寺楼见雪与谁登。

遥知读《易》东窗下,车马敲门定不应。

——苏轼《九月二十日微雪怀子由弟二首》

这一年的秋天,风格外大,拂过耳边,如同乡愁。

到了秋末,竟下起了薄雪,有了岁暮的感觉。不知京城天气如何?苏轼写信给苏辙,说自己长出了第一根白发。

与苏辙分开后,苏轼开始借酒消愁。

他没有遗传到祖父的酒量。事实上,"三苏"的酒量都不怎么样。苏洵不爱喝酒,苏辙因肺疾不能喝酒,苏轼喜欢喝酒,少年时看见酒盏就醉,后来也顶多喝个浅浅的三杯。

嘉祐二年(公元1057年)四月,程夫人病逝,"三苏"仓促回川奔丧。

在长达两年多的丁忧时光里,苏轼渐渐喜欢上了喝酒。从《题子明诗后》里可以看到,那时的苏轼经常与堂兄苏不疑(子明)一起去蟆颐山道观玩。那座山的名字有精怪与长寿的气质。他们去找一个当道士的族叔唱歌喝酒,听族叔说一些神仙列传与修仙长生的事情。苏不疑的酒量很好,一次喝二十蕉叶(浅口酒杯）还只是微醺，豪气逸韵，不知天地之大，秋毫之小。而十五年后，苏不疑饮酒，不过三蕉叶。

昔日豪气尚在否？

十五年的时间，足以吞没一切。

出仕凤翔的苏轼，穿上新买的貂裘，感觉自己马上可以出塞，去开疆拓土，去平定战乱，去问西夏，什么时候把抢掠我朝的珍宝归还。

凤翔也是西夏战事的前线。苏轼曾在《进策》中主张抗敌，并提出了具体的作战方略。在给苏辙的另一首诗中，他又写道："庙谟虽不战，虏意久欺天……何时逐汝去，与虏试周旋。"

豪气应可抵一百蕉叶。

苏辙则有《闻子瞻习射》，赞扬兄长文武双全，卓尔不群："旧读兵书气已振，近传能射喜征蕤。手随乐节宁论中，箭作鸱声不害文。力薄仅能胜五斗，才高应自敌三军。良家六郡传真法，马上今谁最出群？"

苏辙当然明白，苏轼的"冷官"一词，并非工作冷清，而是自嘲与自谦。

苏轼平时除了签署公文之外,还要兼职府中教学,监督"衙前"服役等,公务颇繁。

"衙前",即给朝廷提供义务劳动的百姓,或为边疆守军运送粮食,或为京城运输木材,劳累不说,还要承担风险,日子苦不堪言。比如运输木材,通常是将终南山的木材编成木筏通过渭水流入黄河送到京城。但万一遭遇枯水,很多人就会受到处罚,轻则倾家荡产,重则坐牢丧命。

苏轼了解情况后,连夜写信给宰相韩琦,恳请朝廷准许"衙前"根据水情决定木材的运送时间。

旱灾来临时,他带头祈雨,用文章与山神讲道理,天降甘霖后又作《喜雨亭记》。

他可以与强权对峙,不畏鬼神,但有些事情,终究无能为力。

嘉祐八年(公元1063年)三月,宋仁宗驾崩。八月葬礼之前,朝廷必须要用大量的木材来修建陵墓。当时渭河水位下降,苏轼心急如焚,用尽办法,费尽口舌,还是只能看着"衙前"们在泥浆中拖着木材,五个月日夜不息。

他写诗给苏辙,纸上铺满哀叹:"千夫挽一木,十步八九休。渭水涸无泥,蒿堰旋插修。对之食不饱,余事更遑求。"

不久后,一腔悲愤的他写下《思治论》,直指政治弊端,天下之患——"财之不丰,兵之不强,吏之不择",继而提出革新之策——"课百官,安万民,厚货财,训兵旅""发之以勇,守之以专,达之以强",是不懂藏锋的青年豪气,也是忧国忧民的赤子真心。

"江上同舟诗满箧"——苏轼又向苏辙提及江上赋诗的日子。

嘉祐四年(公元1059年)十月,苏轼、苏辙两兄弟丁忧期满后,苏洵决定带着一家人搬离眉山,准备到京城定居。

"三苏"第二次出川,走的是水路。他们在古嘉州(四川乐山)登船,从嘉陵江出川,一路顺流而下,进入长江三峡,抵达江陵后,再改陆路北上。一路上,父子三人造访名胜古迹,凡有兴致,便会途中赋诗,相互切磋。

"三苏"后将诗文编成《南行集》,苏轼在序言中概括:"己亥之岁,侍行适楚,舟中无事,博弈饮酒,非所以为闺门之欢,而山川之秀美,风俗之朴陋,贤人君子之遗迹,与凡耳目之所接者，杂然有触于中，而发为咏叹。"

相比第一次出川，第二次南行水路上的见闻更加丰富与精彩。南行也是两兄弟步入诗人阵营的开始，他们第一次感受到了前人同题唱和的快意与浪漫。

国学大师王国维曾在《文学小言》一书中提出，夏商周三代以下，旷世难遇的诗人，不过屈原、陶渊明、杜甫、苏轼而已，因为此四人不仅是文学天才，而且人格千古。

但在凤翔时的苏轼，文名抵达"旷世"，还有很长的一段路要走。

微雪时节，远在京城的苏辙在做什么呢？

苏轼只能猜测，对方是在读《周易》，东窗之下，一人，一书，任凭窗外滚滚红尘，车马喧嚣。

程夫人去世后，苏洵对故土再无挂念。

回到京城后不久，在欧阳修与韩琦的帮助下，苏洵终于得到了一个校书郎的工作，同时负责为宋仁宗编写生活日记。尽管与最初的治国理想有点距离，但到底是天子身边的工作，他还是欣然上任了。

之前在家乡，朝廷两次召他进京参加考试，都被他找借口推辞了。实际上，他非老病，只是对考试没有信心，担心遭人笑话。

上任后，苏洵在朋友那里借了些钱，到西城墙的宜秋门附近买了一处院子，取名"南园"。

南园偏僻，却也幽静，内有菜圃，有花园，有高槐古柳，有小池假山，颇具山野之气，可得四时佳趣。

苏洵的春天到来了。

许多举子慕名而来，想拜苏洵为师。苏洵的名气与日俱增，工作也很顺利，最重要的，是他赢取了尊严与崇敬。

遑论他还是制举状元的"父师"。

要知道，制科考试与进士考试录取的比例是一比一万，即从进士中万里选一。

按照流程，应制举的进士们先要参加翰林院的考试，写出六篇论文，合格后才能进入崇政殿的御试。

翰林院的六论考试，又称为"秘阁六论"，难度令许多进士望而却步，最后获得御试资格的人更是屈指可数。御试没有考纲，皇帝随机出题，题目还不一样，考生便只能把自己修炼成全才。

崇政殿内，策问由宋仁宗亲自主持，要求是三千字以上。

苏轼对"贤良方正"，答了五千字，文采斐然，畅快淋漓。

苏辙对"直言极谏"，答卷同样直抒胸臆，汪洋恣肆，且锐气十足。

宋仁宗阅后大喜，退朝后对曹皇后说的话很快传遍京师："今日为子孙得了两个太平宰相。"

但苏辙的入仕之路并不顺利。

这也是他三年幽居南园，耕读侍父的原因。制举之后，苏轼很快上任，苏辙却因为在考试时进谏太过切直，赴任之事也一拖再拖。

苏辙在对策中写："今陛下无事则不忧，有事则大惧，臣以为陛下失所忧矣。故愿陛下虽天下无事而不忘忧惧之心。"直言西夏之事。多年前，面对西夏的侵犯，宋仁宗在屡次兵败后选择了和谈，用源源不断的币帛换取了边境表面的宁和。反攻西夏，早已成为纸上空谈。苏辙外在平和，实则血气方刚，认为宋仁宗不可掉以轻心，应及时采取措施。除此之外，苏辙还指出宋仁宗歌舞饮酒，有所失节，朝廷择吏不精，百姓赋税太过繁重等问题。

考试后便有考官指出，苏辙出言不逊，冒犯天威，当罢黜之。

谏官司马光却认为苏辙才华之余，"切直"更是勇气与忠诚的表现，可取第一名。

宋仁宗表示认可，大度地说："制举考试，不正是鼓励考生直言进谏的吗？"

最后经过一次次商议，苏辙获得了第三名，等第为四等下（一等二等默认空缺），试校书郎充商州军事推官。

然而负责为苏辙写任命书的人是王安石。

以执拗与实干闻名的知制诰王安石很不喜欢"三苏"的文章风格，他认为"三苏"的文章带着纵横家的空谈气——苏洵的确十分推崇《战国策》。另一方面，他认为苏辙斥责皇上是大不敬，他不愿意为其撰写文书，还将苏辙比作汉代的谷永。

直到第二年秋天，由另一名知制诰撰写的文书才下来，制词中称赞苏辙刚正不阿，忠君爱国。

苏辙并未赴任，而是奏请留在京城侍奉父亲。

后来有说法是王安石与苏洵早有积怨,故对苏辙上任一事公报私仇,苏洵为报复王安石又写下《辨奸论》,将王安石比作危害国家的乱臣。这未免看低了王安石,也辱没了苏洵。

《辨奸论》在"三苏"的文集中杳无踪迹,伪作的可能性极高,而王安石若公报私仇,日后也不必在乌台诗案中对苏轼伸出援手。

不过因为此事,苏洵对王安石一直心存芥蒂是真。苏辙也的确心怀不满——谷永何人?历史上臭名昭著的奸谀小臣也。

病中闻汝免来商,旅雁何时更著行。
远别不知官爵好,思归苦觉岁年长。
著书多暇真良计,从宦无功漫去乡。
惟有王城最堪隐,万人如海一身藏。

近从章子闻渠说,苦道商人望汝来。
说客有灵惭直道,逋翁久没厌凡才。
夷音仅可通名姓,瘿俗无由辨颈腮。
答策不堪宜落此,上书求免亦何哉。

辞官不出意谁知,敢向清时怨位卑。

万事悠悠付杯酒,流年冉冉入霜髭。

策曾忤世人嫌汝,易可忘忧家有师。

此外知心更谁是,梦魂相觅苦参差。

——苏轼《病中闻子由得告不赴商州三首》

在凤翔的大雪中,病榻上的苏轼收到了苏辙不赴商州任职的消息。

他对苏辙心中的苦闷感同身受。泱泱大国,朝堂之上,竟不能容少年直言。

昔日与他们同榜的章惇时任商州县令。章惇来凤翔时告诉苏轼,商州那里流行大脖子病(甲状腺肿),病人的脖子与脸都连在了一起。商州人讲话疑似外语,只能听懂对方的姓名。

在宏观上,苏轼站在苏辙的这一边,两兄弟政见相通,都认为西夏可战,也认为苏辙自有一飞冲天的那一天。那么,商州不去就不去吧。你只需要静待时机。

在微观上,苏轼也理解苏辙,你辞官不赴的真正心意,我懂，我都懂。但如此暂留京城，安心著书，也好。身处南园，研读《周易》，就像穿了一件隐身衣，远离功名纷争，只余书中岁月的甘甜。

寒地竹不生，虽生常若病。
劚根种幽砌，开叶何已猛。
婵娟冰雪姿，散乱风日影。
繁华见孤淡，一个敌千顷。
令人忆江上，森耸缘崖劲。
无风箨自飘，策策鸣荒径。

——苏辙《赋园中所有十首·其二》

书中岁月长，苏辙给园中草木写诗，写好后便寄给哥哥看。

他写萱草的花瓣像黄鹄的长喙，花蕊在风中纤纤袅袅，又像老鼠的胡须。当他蹲下来看萱草的时候，就会忘记忧伤。

他写园中地寒，竹子经常生病，连根挖掉后重新栽种，方才开枝散叶。赏南园竹，宜月宜雪宜风宜日影。即便没有风，笋壳也会一片一片剥落，策策之声落在小径上。这让他想起南行时江边悬崖上的森树，苍劲入云，只因峭壁高耸万丈。南园之竹，因为地寒，才格外孤淡。

他还写芦，写石榴，写葡萄，写蓁草，写果裸，写牵牛，写双柏，写葵花……合成《赋园中所有十首》。

孔夫子说："《诗》可以兴，可以观，可以群，可以怨。迩之事父，远之事君。多识于鸟兽草木之名。"

苏轼也知道，苏辙看似写草木，实则是以草木喻人，借草木抒怀。

君不见南园之中，孤淡独立的，岂止是竹？

就像苏辙的诗里虽写："闭门已学龟头缩，避谤仍兼雉尾藏。"

然雉藏怎能尽尾？

南园三年，苏辙以《御试制科策》为基础写成《新论》三篇，依旧在坚持他的政治主张。

苏辙的信寄到苏轼那里，苏轼又写下《和子由记园中草木十一首》回应。

苏辙闭门读书，与微小的事物在一起，苏轼便在和诗中称赞弟弟抱宝怀珍，甘于淡泊，不似谢安隐居东山，还要携带美人,以声色度日。

千里之外,见字如面,诗的唱和,就像交换心灵的信物。

当一支笔饱含了深情,那些生活中稀松平常的小事落在纸上,便有了金子般的珍重与光芒。

我归自南山,山翠犹在目。
心随白云去,梦绕山之麓。
汝从何方来,笑齿粲如玉。
探怀出新诗,秀语夺山绿。
觉来已茫昧,但记说秋菊。
有如采樵人,入洞听琴筑。
归来写遗声,犹胜人间曲。

——苏轼《和子由记园中草木十一首·其十》

苏轼还在诗中告诉苏辙,曾梦见与他共游终南山。

终南山色如翡翠,白云松软,苏辙不知从何而来,就那样站在他的面前,笑容灿烂,牙齿洁白。苏辙从怀中拿出新诗数十首,他细细品读,心中甚爱之。

然而醒来后,他仅记得一句"蟋蟀悲秋菊"。

苏轼形容那个梦的感觉,就像是樵夫误入神仙的洞府,听到美妙的琴声,归来之后,写下梦中听到的天籁,犹胜过所有人间的乐曲。

苏辙收到信后,再和:"相与千里隔,安得千里马?携手上南山,不知今乃夜。"

时间在思念中流逝。到了年末,苏轼的身体依旧不见好转。大雪纷飞时,苏辙写信来,其中有诗句:"徒然遇佳雪,有酒谁与贺?"

酒可以尽释心头的块垒吗?可抵御人间最深的思念吗?

那个雪夜,苏轼也经常一个人在园子里对着那池残荷饮酒。

刚到凤翔时为了临池饮酒,他特意改造了官舍。之前的园子,仅一槐树,一榆树,一枣树,他来之后,凿了一个小池,在池边种桃树,种李树,种牡丹,种巴蜀春风,园子便慢慢有了闲适的气象。

除夕夜,苏轼思念故乡达旦未眠,想起旧时乡俗,就在灯下给苏辙写信,是为《岁晚相与馈问,为"馈岁";酒食相邀,呼为"别岁";至除夜,达旦不眠,为"守岁"。蜀之风俗如是。余官于岐下,岁暮思归而不可得,故为此三诗以寄子由》。

夜色隐去,旧岁的光芒在窗外熄灭。新岁到来,纸上仿佛有时间流动的声音。

苏轼写岁不我与,思归之意,又与苏辙共勉,不要蹉跎岁月:"坐久灯烬落,起看北斗斜。明年岂无年,心事恐蹉跎。努力尽今夕,少年犹可夸。"

那天,苏辙同样在书房静坐,一灯长明,辗转难眠。

只因身在汴京,心在岐山。

家里的厨子做了眉山味道的菜肴,但哥哥不在身边,总觉得少了一点乡味:"人心畏增年,对酒语终夕。夜长书室幽,灯烛明照席。盘飧杂梁楚,羊炙错鱼腊。庖人馈鸡兔,家味宛如昔。有怀岐山下,展转不能释。"

苏辙又用《淮南子·览冥训》里的典故回应哥哥:"鲁阳挥长戈,日车果再斜。酾酒劝尔醉,期尔斩蹉跎。偕醉遣尔去,寿考自足夸。"

战国时,鲁阳公为挽颓势,挥长戈令夕阳逆升。时间飞逝,岁月岂可蹉跎?苏辙与哥哥心有灵犀,也写出了英勇无畏的少年豪气。

不必工作的时候,苏轼总喜欢去寺庙找老僧聊天,"往往匹马入寺,循壁终日",或者一个人去上清太平宫读道藏。

嘉祐八年(公元1063年)的上元夜,他一个人去了开元寺看壁画。

东塔院中,王维留下的壁画依旧保存完好。苏轼喜欢王维的高妙清洁,诗画合一,"味摩诘之诗,诗中有画;观摩诘之画,画中有诗",并迫切地想与苏辙分享感悟。

残灯之下,梵呗声起,如是我闻。

画中线条似有气息浮动,让他恍然不辨时辰,如梦非梦,仿佛坠入前生,令人暗自心惊,久久说不出话来。

冬去春来,到了宋英宗治平元年(公元1064年)年底,"二苏"兄弟的两地书已有厚厚一沓。

苏轼还京后,兄弟俩把三年的诗作编成《岐梁唱和诗集》,情与意,志与才,可见一斑。

三年的纸上陪伴,兄弟俩在精神的世界里互为光亮,也互为故乡；互为坐标，也互为后盾。

生命终究是短暂的。

时间是长河，是旷野，是白雪，也是清风。只有留下的笔触，如血缘深处的温情，志同道合的默契，友爱弥笃的浪漫，不会被历史的烟尘湮灭。

就像苏轼昔日在开元寺的残灯之下给苏辙写信，将王维比作仙鹤，人间这个樊笼，终究是留不住他。

那么个体的情感要如何对抗时间，变成星辰一般的存在？

那一刻，夜幕在山间慢慢坠下，大雪覆盖住群山，地壳之下似有隐隐冰裂之声。他的笔尖矗立纸端，墨光闪现，笔杆握在指间，仿佛是令夕阳逆升的长戈。

彩云易散

数年之后,再一次回到江面上,弹琴的人已经沉睡在了棺椁中,江月年年只相似,而世间再无那样的夜晚、那样的琴声了。

"大都好物不坚牢,彩云易散琉璃脆。"

从凤翔还朝后,接连失去两位至亲,再次踏上归乡之路的苏轼,不知道有没有想起白居易的这句诗?

治平二年(公元 1065 年)五月,王弗在汴京病逝,苏轼肝肠寸断。

金炉犹暖麝煤残。惜香更把宝钗翻。重闻处,余熏在,这一番、气味胜从前。

背人偷盖小蓬山。更将沈水暗同然。且图得,氤氲久,为情深、嫌怕断头烟。

——苏轼《翻香令·金炉犹暖麝煤残》

翻香令,苏轼创作的专属词牌。

少有人知道,这首小词也是苏轼写给王弗的。

王弗病逝后，苏轼将其灵柩暂放在京城西郊，打算日后再迁回眉山安葬。

重阳那天是王弗的百日忌辰，苏轼在净音寺的佛像下为妻子写下超度的经文，希望妻子的香魂早登极乐。

相传"以断头香供佛，来生会得与亲人离散的果报"，见炉中麝香已残，苏轼内心闪过一丝恐慌，悄悄将一截沉香木加入香炉中，然后默默祈祷，来生还有与妻子重逢的缘分，方不负这一世的虔诚与情深。

世人皆称东坡旷达豪放，令人歆羡，殊不知苏轼的侠骨柔肠，也是这般缠绵悱恻，催人泪下。

十年生死两茫茫里的断肠如是，嫌怕断头烟中的恐慌亦如是。

而且极有可能，翻香令还是苏轼填的第一首词。

刚到汴京时，他的心思都在科举上，尤其推崇古文，诗写得少，词更是不曾涉猎。

科举及第后去酒楼茶坊，听到歌姬们唱词，多是别恨离愁、伤春悲秋之作，咿咿呀呀的闺阁气、花间气，跳不出男欢女爱、闲情逸趣的壳子。

那个时候,他自然无法共情"杨柳岸,晓风残月",柳永屡试不第,落魄了一辈子,只能将满腔抱负换成烟花柳巷的浅斟低唱。一举夺魁的天才少年听在耳朵里,只觉得是醉生梦死的靡靡之音。

从凤翔回朝后,慢慢地,他也开始尝试填词。原来,不知"庭院深深深几许",只因自己未到伤心处。

治平三年(公元1066年)四月,苏洵也过世了。

那个满身孤傲,一心想远离家乡到京城买房入仕的苏洵,弥留之际到底选择了落叶归根,与程夫人同穴而眠。

六月,苏轼、苏辙两兄弟扶棺从汴河码头南下,经淮河,再沿着长江与岷江逆流而上,走水路回眉山,再次度过三年的居丧时光。

新登基的宋英宗曾是太子的时候就很喜欢苏轼的文章,本想将苏轼破格录取为翰林学士,留在自己身边起草诏书,日后也好委以重任,但宰相韩琦认为培养人才应该循序渐进,更应该让天下人信服,苏轼虽有才华,毕竟只有三年文官的资历,还要多加历练，破格并不合适。

于是苏轼先在朝中担任判登闻鼓院事，掌管受理官民的建议和申诉，后又通过秘阁考试，以最高分入职直史馆，名正言顺地成为六品官员。

苏轼到皇家图书馆工作，一如蠹虫入书山，每天与珍本图书、古人字画为伴，远离政治纷争，那段时间，应是十分如意的。

他在诗中记录了那段不知春秋的日子，字句间可见平和的心态："天边玉树西风起，知有新秋到世间。"

遗憾的是，他一回朝，苏辙"留京侍父"的理由便不再成立。自踏上出川之路的那一刻起，雪泥鸿爪之叹，就已注定会贯穿他们的仕宦生涯。

治平二年（公元 1065 年）春，苏辙出任大名府推官。

"魏都雄盛，号称河朔之上游。"大名府位于河北，春秋时属魏国，是历史上著名的五鹿城和魏都，也是大宋朝廷的"北门锁钥"，昔日宋仁宗为防契丹南渡黄河，特设其为陪都北京。

推官一职主要掌推勾狱讼之事，在写给韩琦的谢表中，可以看出苏辙的工作甚为繁杂。"职官卑微，最为府中之末吏。

事既甚夥，议皆得参。顾惟浅庸，何以堪处？"

因为旱灾频发，当地一些百姓不得已做了盗贼，被抓捕后，苏辙按照知府王觌的指示，并不轻易对其动刑，而是晓之以理，动之以情，给人改过自新的机会。他的几案上总是堆满了簿书，经常忙得没有时间吃饭，有时也不免凛然心惊，觉得岁月逼人。这满腹的才思，大好的年华，难道就要耗费在簿书之中了吗？

或许是写给韩琦的谢表起了作用，不久后，苏辙被差管勾大名府路安抚总管司机宜文字，工作清闲了不少，俸禄也有所提高。

陪同大名知府王觌练兵时，苏辙少年气犹在，不输昔日苏轼在凤翔时意欲问剑西夏的豪情："河转金堤近，天高魏阙新。千夫奉儒将，百兽伏麒麟。校猎沙场莫，谈兵玉帐春。关南知不远，谁试问番邻。"

苏辙特别感恩韩琦的帮助："曾未逾时，就改此职。边鄙无事，最为闲官。俸给稍优，尤便私计……顾恩造之甚厚，思力报以未由。"

但到大名府一年后，他送一个朋友出城，诗中依旧流露出了思归之意，以及不能潜心研究学问的怅然：

城中二月不知春,唯有东风满面尘。

归意已随行客去,流年惊见柳条新。

簿书填委休何日?学问榛芜愧古人。

一顷稻田二亩竹,故园何负不收身?

——苏辙《送陈安期都官出城马上》

离开汴京时,苏辙带了一本《岐梁唱和诗集》,以慰异地思兄之苦。

他也常想起眉山的少年旧事,故园的二月,应已草木复苏,柳叶如眉了吧?

就在他对仕途感到迷茫,无法消解工作上的烦恼时,他不知道,自己很快就要辞职离开大名府,匆匆奔赴汴京,与兄长一起照料病危的父亲,即将在故园度过下一个春天。

果真是祸福无常,造化弄人。

苏洵去世后,苏氏兄弟谢绝了所有的赠礼,只代父亲接受了官船运送来的棺椁,以及朝廷的追封——光禄寺丞。

苏洵的丧礼是风光的，众多弟子与乡人都来码头为他送行，朝廷百官都为他送来挽词，皇帝特赐银两与礼物。欧阳修则为苏洵撰写了墓志铭。在《苏主簿挽歌》中，欧阳修把苏洵比作贾谊与扬雄，感叹对方没能在有生之年受到朝廷的重用，发挥真正的价值："布衣驰誉入京都，丹旐俄惊反旧间。诸老谁能先贾谊，君王犹未识相如。三年弟子行丧礼，千两乡人会葬车。我独空斋挂尘榻，遗编时阅子云书。"

官船承载着苏洵与王弗的灵柩，缓缓离汴京而去。

两兄弟心情沉重，一路上都极少作诗。

有时候两个人坐在船头聊天，会觉得时间静似太古，天上浮云聚了又散，世间易逝的事物那么多，幸好还有对方在身边。

夜间泊舟水上，他们看繁星如沸，汩汩而出，偶尔也会有生死之悲掠过心头，如夜鸟的翅膀掠过江面。

是时天地俱寂，只余泠泠波光，映在彼此的眸子里。

想那曾经南行时，也是在这条江上，他们坐在船舱里听父亲弹琴："千家寥落独琴在，有如老仙不死阅兴亡……微音淡弄忽转变，数声浮脆如笙簧。"

天地之间只有琴声，呼吸之声，时间之声。

一曲终了，江空，月出，天地无言，那是父子三人共同拥有过的莫大的精神享受。

数年之后，再一次回到江面上，弹琴的人已经沉睡在了棺椁中，江月年年只相似，而世间再无那样的夜晚、那样的琴声了。

治平四年(公元1067年)正月，宋英宗驾崩，年仅三十六岁。

当时苏轼、苏辙还在回乡的官船上，刚刚进入三峡。

古书里说三峡两岸重峦叠嶂，每逢晴初霜旦，林间就显得格外清寒，山涧也变得肃静，常有高猿长啸，声音凄异，空谷传响，哀转久绝。故渔者歌曰："巴东三峡巫峡长，猿鸣三声泪沾裳。"

三峡也水流湍急，暗礁丛生，随时有翻船丧命的危险，像极了朝堂。

这一年春，宋英宗长子赵顼登基，是为宋神宗。

二十岁的少年天子，自幼"好学请问，至日晏忘食"，满腹雄心壮志。

然而一朝天子一朝臣，在前方等待苏氏兄弟的，是激流还是险滩？

昔日苏轼在凤翔时，曾从朋友手中购买了四扇吴道子真迹的门板送给父亲。门板正面画有菩萨，背面为天王，共有神佛像十六尊，相传来自唐宫中的藏经阁，在战火中被人抢救，最后流落民间。

那是苏洵一生中最喜欢的礼物。

回乡时，苏轼就把那四块版画带上了。

丁忧期间，眉山有个叫惟简的僧人（也是苏轼的族兄）找到苏轼，问苏洵有没有平生最爱同时是苏轼不忍心舍弃的东西，可以捐献给寺庙，以成就苏洵的功德。

自然就是那四块版画了。

苏轼把版画交给了惟简。他对惟简说："这版画的确珍贵，但既然唐明皇都不能守住它，又何况是我这样的人呢？天下收藏文物的人那么多，谁又能保存三代呢？当初求之不及的人，得到后又唯恐失去，他们留给子孙，子孙能有几个不用来换取衣食？我想我应该也不能长期守住这版画，因此就给了你。那么你打算如何保护它们呢？"

惟简说："我将用我的身体保护它们。我的双眼可以失明，双脚可以砍断，但这版画不可以被夺走。这样足够吗？"

苏轼说："不够，你只能保证你这一生。"

惟简说："我向佛祖盟誓，再请求鬼神的力量来保护它们。凡拿走此版画，或把此版画送人的人，都将按法规神律受到惩罚。这样足够了吗？"

苏轼说："不够，世上总有不信佛且蔑视鬼神的人。"

惟简说："那要如何保护它们？"

苏轼说："这些版画是我父亲的捐物，天下每个人都有父亲，谁还会忍心将其拿走呢？如果有人知道情况还一定要拿走，那么他的人品和当初放火的贼寇就是一样的。这样的版画，想传给子孙何其难也。况且守不守护在于你，取不取走在于别人。你尽力守住这些版画吧。以后的事，谁又能预知呢？"

惟简把版画拿走了。

这时已是熙宁元年（公元1068年）十月。不久，惟简告诉苏轼，打算用一百万钱修建一座大阁，专门用来藏画，并会在阁中画上苏洵的像。

苏轼又捐了钱。他将这件事记在了文章里，期待来年冬天大阁可以修建成功。

大阁是否如期落成?

苏轼没有记录后续。或许他相信福不唐捐,凡事不可强求。又或许像他说的,以后的事,谁都不能预知。而"吾身如寄",文物钱财,不过身外物耳。

这一年十二月,苏轼、苏辙第三次出川,返回汴京。

丁忧期满后,按照王弗的遗愿,苏轼娶了其堂妹王闰之为第二任妻子。

王闰之虽不通文墨,但性情温和,品格贤淑,对堂姐的儿子视如己出。和古代诸多女子一样,王闰之也把未来寄托在了丈夫身上,一路上,目光都追随着那个高大的身影。她还是第一次离开家乡,对路上的一切也都感到新奇。

这一次,兄弟俩携带家眷,走的陆路,崎岖的山道上,小孩子们叽叽喳喳,倒也添了几分生气。

只是兄弟俩都不知道,这一次将是他们最后一次出川。

临行前,有朋友在苏家旧宅内栽下一棵荔枝树,约定兄弟俩再回来时,一起荔枝煮酒,闲话夜雨:"故人送我东来时,手栽荔子待我归。"

但"荔子已丹吾发白,犹作江南未归客",人生倏忽数十年,彼时身在杭州的他,已经在隐隐担心,昔日煮酒闲话的约定,恐将难以实现。

实际上,这一年出川后,兄弟俩便入宦门深似海,风浪迭起数十年,他们再也没有机会回到故乡。

人生无离别，谁知恩爱重

当时的苏辙和『六一翁』也只能看着苏轼登船而去，看着小船如一朵飞蓬，一点点被命运的流水与风卷入他自己写就的谶语之中。

人生总是不断面临选择。

抑或说，人生是一辆由选择驱动的马车，下一次你在哪里，就藏在上一次的选择里。

对于苏辙来说，选择站在王安石的对立面，也就相当于选择了崎岖坎坷的那条路。

毕竟在旁人眼里，与炙手可热的王安石对抗，无异于自断前程。

年轻的宋神宗雄心勃勃，一心想重振国威，尚未坐上龙椅之前，他就已经看到了大宋繁盛的表象之下，外患有强敌压境，索求无穷，军备废弛，人心涣散；内忧有国库空虚，民不聊生，政事衰颓，暮气沉沉。

相传他曾剑指辽国，穿上征战的铠甲去拜见祖母曹太后，表达自己励精图治的心意。也曾夜召近臣，说起北辽战事，宋太宗大腿中箭而导致驾崩,脸上布满耻辱与痛楚,兀自掩面痛哭。

他崇尚法家,立志革新,尤其对商鞅充满崇拜。商鞅变法,让秦国一雪前耻,最终横扫六合。但他是帝王,注定无法成为商鞅,他只能像秦孝公一样,寻一个属于自己的商鞅。

王安石,那个声名显赫、政绩斐然,曾作长达万言的《上仁宗皇帝言事书》提出主张变法,宋英宗时代却托病屡次拒绝入朝,毕生梦想就是成为济世安邦的人,在宋神宗眼里,俨然具备成为铁血改革家的一切条件。

宋神宗火速召王安石入京,共商变法立制大事。

垂拱殿内,王安石提出"治国之道,首先要确定革新方法",同时勉励宋神宗效法尧舜,富国强兵。

"大有为之时,正在今日。臣不敢辄废将明之义,而苟逃讳忌之诛。"

那是王安石蛰伏多年等候的时机,是大宋王朝命运的节点,也是被载入史册的时刻。

宋神宗成了王安石坚实的后盾。

不久后,王安石任参知政事,建立"制置三司条例司"主持新法,"天变不足畏,祖宗不足法,人言不足恤",变富国之法——立均输法、青苗法、市易法、免役法、方田均税法、农田水利法,以充盈国库;变强兵之法——立保甲法、裁兵法、将兵法、保马法、军器监法,以稳定疆土;变取士之法——改革科举制度、整顿太学、用人唯才。

新法一出,朝廷党派就此分野,群臣纷纷站队,最后分化成以王安石为首的变法派,以及以司马光为首的保守派。

两党水火不容,针锋相对。

丁忧期满的苏轼还朝后依旧入职直史馆。宋神宗意欲将其召至身边,却遭到王安石的阻拦。一年后,苏轼被调往开封府任推官。

苏辙在等待吏部任命期间曾向朝廷上疏言事,宋神宗欣喜地批示:"详观疏意,知辙潜心当世之务,颇得其要。郁郁下僚,使无所伸,诚亦可惜。"遂将苏辙派往王安石麾下,任制置三司条例司检详文字,与吕惠卿、章惇、曾布等人共事。

苏辙虽是王安石的下属,却不认同王安石的新政,且多次反对青苗法,直指其弊端,又加之有小人在背后进谗,终是惹得王安石大怒,幸得宰相陈升之搭救,方才免罪。

新任陈州知州张方平闻讯后,马上奏请调苏辙到淮阳,任陈州教授。

谋拙身无向,归田久未成。
来陈为懒计,传道愧虚名。
俎豆终难合,诗书强欲明。
斯文吾已矣,深恐误诸生。

久爱闲居乐,兹行恐遂不?
上官容碌碌,饱食更悠悠。
枕畔书成癖,湖边柳散愁。
疏慵愧韩子,文字化潮州。

——苏辙《初到陈州二首》

熙宁三年(公元1070年),苏辙去陈州上任的时候,路上的冰雪还未完全消融。

这一年,苏辙三十二岁,已是四个孩子的父亲。一大家子人坐在车里,襁褓里的小女婴正在母亲的怀中啼哭。

凛冽的寒风中,苏辙的情绪很是低落。

马车一路向前,但前方非他心之所向,亦非其志之所趋。

初到陈州,他在诗中写愧、写恐、写愁,似都是在写不甘——他是否甘心做一个陈州教授?

昔日他南园种菜,研读《周易》,韬光养晦三年,何尝不是在等一个一鸣惊人的时刻。

他也写过:"人生在世,不出一番好议论,不留一番好事业,终日饱食暖衣,不所用心,何自别于禽兽。"

然而他还是无法"循时",与变法派站在一起,又无法"归田",彻底舍弃心中的理想。在写给朋友的诗中,他直言"鬓发年来日向衰""壮心付与东流去",笔端透出深深的无奈。

他想起韩愈来。

韩愈因谏迎佛骨由刑部侍郎贬为潮州刺史,还在路上失去了女儿,却不曾怨天尤人,而是驱鳄除害,关心农桑,修堤凿渠,赎放奴婢,延师兴学,一举振兴潮州斯文。

"湖边柳散愁",当忧愁散去,苏辙似乎也将自己从"不遇"的情绪低谷中拉了出来,安然在陈州传道授业解惑,静静等待下一次时机。

他还把诗寄给哥哥,情感的流通,给彼此的心灵带来了极大的慰藉。

道丧虽云久,吾犹及老成。
如今各衰晚,那更治刑名。
懒惰便樗散,疏狂托圣明。
阿奴须碌碌,门户要全生。

旧隐三年别,杉松好在不。
我今尚眷眷,此意恐悠悠。
闭户时寻梦,无人可说愁。
还来送别处,双泪寄南州。

——苏轼《和子由初到陈州见寄二首次韵》

人在京城的苏轼,和苏辙一样,同样担心新法会给百姓带来种种弊祸。

这一年他两次向宋神宗上万言书,指出变法得失,将变法后的国家形容为"盲人骑瞎马,夜半临深池",一针见血地指出宋神宗求治太急,听言太广,进人太锐。

他担心的事情还是发生了。

比如青苗法，变法之初，贷款本是"取民情愿"，但地方官吏多急于求成，为了邀功，便强迫农民贷款，这样一来，惠民变成了祸民，自愿也变成了指标，农民不可不贷，利息重重叠加，官府层层盘剥，加上原来的苛捐杂税，竟比天灾更甚，每到还款时间，农民只能受刑受苦，或负债逃逸，或卖儿卖女，或投河自缢……

诸如此类，流弊所至，民怨沸腾。

但彼时没有人可以质疑王安石的新法。

商鞅可以刑太子师傅以立威，王安石也多次劝说宋神宗，务必意志坚定，将新法进行到底，对朝廷上的"奸人"更是不能心慈手软，当严加惩戒。

这一年，很多保守派的老臣都离开了京城或即将离开京城：欧阳修提交了辞呈，范镇已告老还乡，司马光去了洛阳编修《资治通鉴》，张方平外调陈州，御史中丞吕公著也被外贬……

苏轼的直言进谏与疏狂本性也没能让他赢得宋神宗的信任，反而让自己成了变法派的眼中钉。

屡次被攻击排挤的他,感受到了置身风口浪尖的危险气息。

那样的时刻,他总是格外想念苏辙。

御史台的弹劾和诬陷很快到来,说他送父亲棺椁回川时,在船上夹带私盐、瓷器等物,以谋取私利。

那些诬陷,本就是莫须有之罪,他甚至不屑自证。

后来在司马光的帮助下,他洗清了冤屈,免除了牢狱之灾,但人性的卑劣,还是让他感到伤感与孤独。

他在诗中告诉苏辙,一定要明哲保身,切莫出头,保全门户要紧。

这一次,也是兄弟俩的第三次离别。

再到昔日的送别之处,想起苏辙,他不禁潸然泪下。

蛙鸣青草泊,蝉噪垂杨浦。
吾行亦偶然,及此新过雨。

鸟乐忘置罘,鱼乐忘钩饵。
何必择所安,滔滔天下是。

烟火动村落,晨光尚熹微。

田园处处好,渊明胡不归。

——苏轼《出都来陈,所乘船上有题小诗八首,不知何人,有感于余心者,聊为和之》(前三首)

熙宁四年(公元1071年)春,希望远离政治风暴的苏轼终于下定决心,请求外任。

四月,他获职杭州通判,心情豁然开朗。

他特别规划了一下赴任的路线,先到陈州与苏辙团聚,再拜访陈州知州张方平,然后到颍州看望在那里闲居养老的欧阳修,最后南下抵达杭州。

七月,他带着家眷离开汴京,送行者寥寥。苏轼对此表示理解,朋友们都很惧怕新党势力,没有必要凭空惹上祸端。

颍水之上,他看到船舱里有八首小诗,每一首都与自己心意相通,一时来了兴致,就将每首小诗都和了一遍。

那一刻,他觉得大自然是如此美好,耳边的蛙鸣、蝉声、青草、垂杨,都是那般亲切可爱。

雨后的颍水,碧波荡漾,沿岸绿意四处满溢,一片明媚的田园风光。他直叹遇见了陶渊明笔下的世外桃源。

微躯许国，何必执着京城？

滔滔天下，尽可随遇而安。

柳湖万柳作云屯，种时乱插不须根。

根如卧蛇身合抱，仰视不见蜩蝉喧。

开花三月乱飞雪，过墙度水无复还。

穷高极远风力尽，弃坠泥土颜色昏。

偶然直堕湖中水，化为浮萍轻且繁。

随波上下去无定，物性不改天使然。

南山老松长百尺，根入石底蛟龙蟠。

秋深叶上露如雨，倾流入土明珠圆。

乘春发生叶短短，根大如指长而坚。

神农尝药最上品，气力直压钟乳温。

物生禀受久已异，世俗何始分愚贤？

——苏辙《柳湖感物》

苏辙的学舍就在陈州柳湖边。

学舍低矮狭窄，就像泊在湖边的小舟。苏辙身材高大，坐在学舍中显得十分滑稽。

如此一见面，苏轼天真幽默的本性就显露出来了，忍不住打趣弟弟。这个情景后来被他写在《戏子由》一诗里："宛丘先生长如丘，宛丘学舍小如舟。常时低头诵经史，忽然欠伸屋打头。斜风吹帷雨注面，先生不愧旁人羞。"

苏辙家庭成员颇多，共有三子七女，而教授俸禄微薄，一家人生活过得相当清苦。不过哥哥到来后，就像平静的湖面有了清风与波光，苏辙的日子竟陡然变得轻盈透亮了起来。

柳湖有垂柳万株，却遗憾没有碧波千顷，不能一起泛舟湖上，尽享湖光山色之美。

苏辙说自己最喜欢在晴好的日子里漫步湖边，幅巾芒履，在柳荫下团团围坐。如诗中所写，垂柳落地则活，到了阳春三月，柳树都开花了，又有白絮如雪，在风中纷纷扬扬。

但苏辙笔锋一转，开始写起了南山的松树。

他感叹世人眼中只有垂柳，看不见怀抱冰雪，气质孤清的松树，就像朝中如今不分愚贤。

苏轼自然知道，苏辙笔下常有感伤之语，正是因为内心的高洁志向不曾改变。

因此他又称赞弟弟:"劝农冠盖闹如云,送老齑盐甘似蜜。门前万事不挂眼,头虽长低气不屈。"

那个夏天,兄弟俩一起游览陈州胜迹,题咏唱和,又去拜访张方平,结识了游学于陈州的张耒。

有时候,兄弟俩还一起交流养生之术。

苏辙年少时经常生病,夏天脾虚,秋天肺寒,平时没少服药,却一直顾此失彼,从未痊愈。自一位陈州道士教了他服气法后,病情竟真的好转了许多。

既然打算养生,他就开始翻看关于养生的古书。有些书里说菌类朝生暮死,生命不到一日,让它们自救都难,又如何救难于人?那么想要延年益寿,就要服用金丹。但他认为,金丹终究是神仙所有之物,凡人不易获得。而书里既然说松脂流入地下为茯苓,茯苓千岁为琥珀,那么服用茯苓,也算是曲道养生。不知是不是长期服用茯苓之效,苏辙比父兄都要长寿。

苏轼没想到苏辙久病成医,竟变成了养生大师。

这终究是值得欣慰的事情。

相比苏轼的胡乱养生，用杂七杂八的方法制作丹药，苏辙显然实在得多。

西湖草木公所种，仁人实使甘棠重。
归来筑室傍湖东，胜游还与邦人共。
公年未老发先衰，对酒清欢似昔时。
功成业就了无事，令名付与他人知。
平生著书今绝笔，闭门燕居未尝出。
忽来湖上寻旧游，坐令湖水生颜色。
酒行乐作游人多，争观窃语谁能呵？
十年思颍今在颍，不饮耐此游人何！

——苏辙《陪欧阳少师永叔燕颍州西湖》

秋意渐浓时，苏轼赴任日期将近，只能与苏辙辞行。

苏辙舍不得哥哥，便干脆请假一起去颍州看望欧阳修。

欧阳修二十二年前在颍州任太守，深受百姓爱戴。他也很是喜欢那里的风土人情，在京城的时候经常心心念念。这一年六月，欧阳修以太子少师的身份致仕，特意选择颍州安度晚年。

欧阳修在西湖边筑室隐居，卸下各种身份，远离了曾经的荣耀和朝堂的纷纷扰扰，自号"六一居士"（藏书一万卷，金石遗文一千卷，琴一张，棋一局，酒一壶，老翁一个），满身轻松。

谓公方壮须似雪，谓公已老光浮颊。
谒来湖上饮美酒，醉后剧谈犹激烈。
湖边草木新著霜，芙蓉晚菊争煌煌。
插花起舞为公寿，公言百岁如风狂。
赤松共游也不恶，谁能忍饥啖仙药。
已将寿夭付天公，彼徒辛苦吾差乐。
城上乌栖幕霭生，银釭画烛照湖明。
不辞歌诗劝公饮，坐无桓伊能抚筝。

——苏轼《陪欧阳公燕西湖》

苏轼、苏辙的到来让欧阳修欢喜不已，于是在西湖"开琼筵以坐花，飞羽觞而醉月"。

欧阳修此时须发皆白，神采奕奕，"辩论不衰，志气益振"，举手投足又似有仙风，苏轼就称对方为"老仙翁"。

深秋季节，湖边草木已披上清霜，芙蓉和菊花却花期正好。欧阳修喜欢看花，曾为洛阳牡丹立传，如今看西湖边的芙蓉也是淹然百媚，令人怜爱，菊花高洁，则有林下风气。

宴席上，苏轼簪了一朵芙蓉花起舞，为欧阳修祝寿。欧阳修爽朗大笑，自信地说自己能活到一百岁。那场三个人的盛宴，一直到暮霭堆积，烛光照在湖面上亮如白昼，依旧意犹未尽……为乐当及时，何能待来兹？

那段日子，师徒三人畅谈人生，簪花饮酒，秉烛夜游，不亦快哉。三个人酒量都不太好，但是又有什么关系，不辞歌诗劝公饮，一杯一杯复一杯，醉翁之意不在酒，在乎情义之深也。

大抵写诗的时候，苏轼有些醉了。他的诗里写，遗憾的是没有魏晋名士桓伊抚筝。不过有湖上的歌姬弹琵琶也是美好的。歌姬唱欧阳修的词，绵绵的歌喉里，尽是自由的韵味。

人生的百转千回，那一刻还有什么不可以释怀？悲欢离合，也都可以用来下酒："白发戴花君莫笑，六幺催拍盏频传。人生何处似尊前！"

近别不改容,远别涕沾胸。

咫尺不相见,实与千里同。

人生无离别,谁知恩爱重。

始我来宛丘,牵衣舞儿童。

便知有此恨,留我过秋风。

秋风亦已过,别恨终无穷。

问我何年归,我言岁在东。

离合既循环,忧喜迭相攻。

悟此长太息,我生如飞蓬。

多忧发早白,不见六一翁。

——苏轼《颍州初别子由二首》(其二)

颍州二十余日稍纵即逝,这一年秋,两兄弟告别了欧阳修,苏轼去杭州,苏辙回陈州,二人正式进入人生中的第四次离别。

"人生无离别,谁知恩爱重"——若论性格,苏轼本是天地间旷达第一人,然而面对与弟弟分离,他还是一时悲伤得不能自已。

如诗中所写,他们兄弟俩情深义重,两边家庭成员之间也是非常和爱。离开陈州时，苏辙的孩子拉住苏轼的衣袖，问他何时再来。早在南园时，他就经常教侄子侄女们写字画画，对他们疼爱有加。他望着孩子们天真无邪的目光，只能长长叹息。无忧无虑的童年，没有必要过早知晓成人的无奈。

苏轼这首诗，也容易让人读出杜甫笔下那种无可奈何的沧桑与忧愁："人生不相见，动如参与商……问答乃未已，儿女罗酒浆。夜雨剪春韭，新炊间黄粱……明日隔山岳，世事两茫茫。"

白描般的画面，两代人的深情，努力克制的爱与悲，一下就勾起了人们心底最朴素的感动。

"多忧发早白，不见六一翁"，当时的苏轼又怎会知道，余生他和苏辙可以再相聚，但"六一翁"已经没有时间了。

第二年，欧阳修在颍州与世长辞，享年六十六岁。

"悟此长太息，我生如飞蓬"，当时的苏辙和"六一翁"也只能看着苏轼登船而去，看着小船如一朵飞蓬，一点点被命运的流水与风卷入他自己写就的谶语之中。

我兄东南游,我亦梦中去

他与兄长一起来到山脚下,看见一条清亮的小溪,溪水漫过脚背,清凉又透亮。山中空气是甘甜的,带着独特的草木香,大朵的白云在山峰上聚合,如同召唤。

熙宁五年（公元1072年）早春，苏辙从陈州写信来，说冬雪过后，柳湖春水忽生，上涨数尺，他在湖边散步的时候，见到了不少新来的鱼虫，虽不知其名姓，但也觉得是一件很有意思的事情。

苏辙还说开元寺的老山茶树竟开出千余朵花来，赤焰一般的花色看得眼睛发胀。

苏轼收到信的时候，诗筒里一朵风干的茶花"啪嗒"落在酒壶上，让他半天回不过神来。

太昊祠东铁墓西，一樽曾与子同携。
回瞻郡阁遥飞槛，北望樯竿半隐堤。
饭豆羹藜思两鹄，饮河噢水赖长霓。
如今胜事无人共，花下壶卢鸟劝提。

长明灯下石栏干,长共松杉斗岁寒。

叶厚有棱犀甲健,花深少态鹤头丹。

久陪方丈曼陀雨,羞对先生苜蓿盘。

雪里盛开知有意,明年开后更谁看。

苏轼《和子由,柳湖久涸,忽有水,
开元寺山茶旧无花,今岁盛开,二首》

苏轼记得,那一次在陈州过中秋,苏辙带他去开元寺,在寺中的百年山茶树下喝酒,空气里似有时间的涛声,又似有菩提的香气。

苏辙说那株山茶让他想起家乡。眉山多花木,山茶尤其好。只是有些遗憾,春天他来陈州的时候,山茶树没有开花。

旁边扫地的小沙弥听见了,便说这株山茶树别看它枝繁叶茂,其实好些年都没有花苞了。

苏辙说:"原来如此,也真是一株有灵气的树,日日在寺中坐禅听经,怕是早已通了佛心。"

苏轼说:"这株山茶沉静如水,超然物外,的确像草木中的居士。人生尚不及一株草木洒脱,想开花就开花。"

苏辙沉默了一会儿,仰面望向天空。说想与哥哥变成两只黄鹄,那样就可以一起飞回故乡了。

苏轼温柔地笑起来,说不能变成黄鹄,变成对方赏花时手中的酒壶也可以啊。

在写给苏辙的回信中,苏轼问,陈州雪里盛开的山茶花,应是知晓了我们缠绵蕴藉的情意,那么明年花开的时候,陪你看花的人是谁呢?

杭州,宋仁宗朱笔御批的"东南第一州",富庶繁华,湖山皆美。相传金主完颜亮正是有慕于"三秋桂子,十里荷花",才起投鞭渡江之志。

新任通判苏轼则写"如今胜事无人共,花下壶卢鸟劝提",在杭州,胜事常有,山水常有,良朋常有,花常有,酒常有,茶常有,只是遗憾身边没有苏辙。

草木若有心,也会懂得人间的思念吧。

这一年春天,苏轼在吉祥寺赏牡丹,大醉了一场。

回家的时候,他耳边簪着一朵鲜艳的牡丹花,醉醺醺地走在路上,引得路人掩口而笑。

他也不恼,自顾不羁地唱道:"人老簪花不自羞,花应羞上老人头。醉归扶路人应笑,十里珠帘半上钩。"

诗中自称老人的他,两鬓微白,笔下时有沧桑之感,其实不过三十七岁,性情上,是越发向他的祖父靠近了。

至于那些细细密密的心情,还是适合放进寄往陈州的诗筒里。

晚年退居杭州的老词人张先,倒是与苏轼成了忘年之交。

张先生性风流,一生纳妾多位,致仕后更是成了十足的富贵闲人,在西湖边上赏花宴乐,诗酒终老。

相比作诗,他更喜欢填词给歌姬们演唱,笔下慢词也写得极为清丽优雅,婉转多情。因有得意之句"云破月来花弄影""娇柔懒起,帘幕卷花影""柳径无人,堕絮飞无影",故得"张三影"之称。

在汴京的时候,欧阳修就非常喜欢张先的《一丛花令》,常沉吟"沉恨细思,不如桃杏,犹解嫁东风",只恨未识其人。后来张先听说此事,特地来拜访欧阳修,欧阳修反穿着鞋欣喜地出门迎接:"此乃'桃杏嫁东风'郎中!"一时被传为美谈。

八十岁时,张先买了一个十八岁的姑娘为妾。一次宴会上,他拉着美人的手,醉眼蒙眬地赋诗,难掩自满之意:"我年八十卿十八,卿是红颜我白发。与卿颠倒本同庚,只隔中间一花甲。"

苏轼忍不住打趣道:"十八新娘八十郎,苍苍白发对红妆。鸳鸯被里成双夜,一树梨花压海棠。"

张先大笑起来:"好你个苏子瞻啊!"

众宾客皆绝倒。

凤凰山下雨初晴,水风清,晚霞明。一朵芙蕖,开过尚盈盈。何处飞来双白鹭,如有意,慕娉婷。

忽闻江上弄哀筝,苦含情,遣谁听?烟敛云收,依约是湘灵。欲待曲终寻问取,人不见,数峰青。

——苏轼《江城子·凤凰山下雨初晴》

身处士大夫间游宴之风甚浓的杭州,加上多与词人朋友交往,苏轼填词也渐入佳境。

那一日,他与张先就坐在西湖最美的晚霞里,看雨后初晴的荷花，盈盈一朵，倒映在水中。一双白鹭不知从何处飞来，仿佛也对那荷花生了爱慕之心。

忽然江上画舫里传来一阵筝音，由远及近，又由近及远。弹筝人技艺超绝，筝音如怨如诉，欲说还休，令人心绪难平，感动不已。就连天上的云彩，也聚拢起来，在江上久久不散。莫非是湘水女神降临西湖，在用筝曲诉说她的思念与哀伤？一曲终了，他们想去问取对方的芳名，却不知什么时候，她已飘然远去，江面之上，只余青山隐隐，波光粼粼。

人说苏轼"天生健笔一枝，爽如哀梨，快如并剪，有必达之隐，无难显之情：此所以继李、杜后为一大家也"，但苏轼却认为，无论是诗，还是词，都要写出新意，不践古人，才称得上是人生中的快事。

就像这首《江城子·凤凰山下雨初晴》写得别有风致，颇受张先好评，但他自己并不满意。

自晚唐五代开始，词就一直是游宴的点缀，樽前花下，莺莺燕燕，无法脱离"词为艳科"的窠臼，包括填词的内容与风格。

他在信中向苏辙倾诉自己的困惑，如果隐去填词人的名字，还有哪位歌姬知道这首词出自苏轼之手？

苏轼还在信中称杭州为"酒食地狱",说自己并不喜欢过多的应酬。

酒色让人沉溺,这一点也与他的养生观和人生观相悖。有时候,他甚至托病婉拒上司的邀请,说自己年纪大了,身体不好,性格还孤僻:"我生孤僻本无邻,老病年来益自珍。肯对红裙辞白酒,但愁新进笑陈人。"

奈何他文名太盛,但凡有京城的官员来到杭州,都会以他到座为荣,钱塘的官伎们也喜欢请他在自己的香帕上题词。

史料里说苏轼"性不昵妇人",或许正是因为他爱好佛道,对女色向来清心寡欲,也爱好高谈阔论,重视精神上的默契与共鸣。

不过爱美之心人皆有之,苏轼也不例外:"灯火钱塘三五夜,明月如霜,照见人如画。帐底吹笙香吐麝,更无一点尘随马。"只是对于他来说,佳人如明月,夜夜生清辉,与其一个人占有把玩那份美好,不如远远地欣赏品味她们带来的美好。

当时蓄养家伎成风,苏轼家中也有几个侍女。他称她们是"搽粉的虞候",把她们当成副官看待。其中就包括时年十二岁,后成为他伴侣与知音的王朝云。

但即便是对待沦落风尘的女子，苏轼也会发自内心地尊重她们，怜惜她们的命运："自古佳人多命薄，闭门春尽杨花落。"真正的怜香惜玉，是不带占有欲的。

当他看到同僚一大把年纪在游船中耽于酒色，便忍不住写诗相劝，不要冷落了家中的妻妾："遥知通德凄凉甚，拥髻无言怨未归。"

这不禁让人想起杜甫曾陪同长官参加宴席，身边佳人如云，他却如坐针毡，不合时宜地劝长官："使君自有妇，莫学野鸳鸯。"

真是实诚得可爱。

杭州除了士人大夫的风月，还有底层百姓的血泪。

因为公务，苏轼大部分时间都在基层巡视。数年间，他亲眼所见百姓的各种苦难，内心经常悲愤不已。

刚到杭州时，京城的朋友曾写诗劝诫他："北客若来休问事，西湖虽好莫吟诗。"

但苏轼如何忍得住呢？

他不仅要问事，还要上疏朝廷，为百姓请命；不仅要题诗，还要不断题诗,把百姓的苦难写出来。若不然,新法在民间一石激起千层浪,而狂风巨浪之中,草芥一般的百姓又要如何发出自己的呼声?

青苗法实施后,每天都有百姓因交不起租金而入狱。苏轼没有能力更改律法,又不得不手执判笔坐在堂上,看着手无寸铁的百姓被鞭打。那样的时刻,他的内心总是充满了痛苦。

他写信给朝中旧友,陈述新政的流弊与百姓的困境,然后为这些百姓求情,写着写着,便眼泪汪汪:"除日当早归,官事乃见留。执笔对之泣,哀此系中囚。"

江南是食盐的重要产地,自王安石改革盐法之后,盐民越发贫苦,为了生存,很多人铤而走险,贩卖私盐。据苏轼所记,两浙之民,以犯盐得罪者,一年内,就有一万七千人以上,甚至还发生了母亲将儿子杀死以逃避残酷刑罚的惨剧。

不久后,朝廷为了运盐,要开凿一条人工运河,一千多名百姓被征为劳役,在雨季日夜赶工。苏轼前往工地督役,看着百姓们在齐腰深的泥浆中摸爬滚打,犹如落进泥坑的猪鸭,心中的愤怒无处发泄,只能在诗中诘问:"盐事星火急,谁能恤农耕。薨薨晓鼓动,万指罗沟坑。天雨助官政,泫然淋衣缨。

人如鸭与猪,投泥相溅惊。"

更可恨的是,身处产盐之地,许多平民百姓却吃不起盐。苏轼在山村巡视时,看到一位老人已三月不知盐味,不禁一阵心酸:"老翁七十自腰镰,惭愧春山笋蕨甜。岂是闻《韶》解忘味,迩来三月食无盐。"

苏轼写诗给苏辙,倾诉自己的郁结。无法为百姓排忧解难,还要对百姓执行新法,让他深以为耻,感觉自己气节全消,每天都在口是心非地活着:"平生所惭今不耻,坐对疲氓更鞭箠。道逢阳虎呼与言,心知其非口诺唯。居高忘下真何益,气节消缩今无几。"

实际上,为杭州人民疏通六井,就已经是一项伟大的政绩。

苏轼《钱塘六井记》写,杭州由钱塘江潮水冲击形成,本是低洼潮湿的盐碱地,水质又苦又臭,人们只能依山凿井,以泉水生活。直到唐朝开凿六井,引西湖淡水,百姓才有井水食用。

熙宁五年(公元1072年)秋,苏轼着手整治六井。他利用自己灵活的头脑和各行各业的人脉,很快获得一份完美的疏通方案。到了第二年春天,六井全部疏浚完毕。这一年正逢干旱，杭州周围各地的水井都干涸了，老百姓已经到了相互用瓦罐装水赠送亲友的地步，而杭州的百姓却可以放心饮用，每天洗澡都不成问题。当时所有前来打水的人，都诵佛来为地方官祝祷。

蟹眼已过鱼眼生，飕飕欲作松风鸣。
蒙茸出磨细珠落，眩转绕瓯飞雪轻。
银瓶泻汤夸第二，未识古人煎水意。
君不见昔时李生好客手自煎，贵从活火发新泉。
又不见今时潞公煎茶学西蜀，定州花瓷琢红玉。
我今贫病长苦饥，分无玉碗捧蛾眉。
且学公家作茗饮，砖炉石铫行相随。
不用撑肠拄腹文字五千卷，但愿一瓯常及睡足日高时。

——苏轼《试院煎茶》

这一年苏轼还主持了杭州的乡试，那是他难得放松的一段时光："某旬日来，被差本州监试，得闲二十余日。在中和堂、望海楼闲坐，渐觉快适。"

如果说闲坐是快适,那么煎茶就是快适中的快适——快乐而舒适。

所谓煎茶,就是将茶饼炙烤研磨后,投入沸水煎煮。按照茶圣陆羽在《茶经》里的步骤:初沸调盐,二沸投末并加以环搅,三沸则止。煎茶之水,以山泉为上,江中清流为中,井水为下,其中山泉水又以乳泉漫流者为上。

煎茶也是宋代的一种风尚。汴京遍地茶肆,就像一个个小小的能量补给站,上至达官贵人,下至平民百姓,疲惫的时候坐下来吃一碗茶,换取片刻的轻松,事了拂衣去,融入各自滚烫的生活。

苏轼诗中写"且学公家作茗饮"——或许他爱上饮茶,就是从杭州开始的。

他写"蟹眼""鱼眼",即水沸时泛起的气泡。初沸时,气泡大小形状神似螃蟹的眼睛,过一会儿,气泡变成鱼眼大小,沸腾的声音飕飕然,犹如松风过耳,即可投入茶末了。

茶,自是好茶。江南多名茶:雪芽、紫笋、径山、龙井……苏轼在试院吃的什么茶?只晓得那茶取出时是葱茏的,茸茸可爱,磨细时白毫纷纷,投入瓯中后,饽沫便似飞雪一样轻盈。

时人饮茶，泻汤以金瓶为最，银瓶第二，讲究颇多。

苏轼却认为煎茶之味，意为最，器第二。

不必有佳人奉茶，有定州花瓷那样的美器，缓火炙，活火煎，砖炉石铫即可。

也不必满腹诗书，一瓯好茶，一榻清风，自抵得千金富贵。

年来病懒百不堪，未废饮食求芳甘。

煎茶旧法出西蜀，水声火候犹能谙。

相传煎茶只煎水，茶性仍存偏有味。

君不见闽中茶品天下高，倾身事茶不知劳。

又不见北方俚人茗饮无不有，盐酪椒姜夸满口。

我今倦游思故乡，不学南方与北方。

铜铛得火蚯蚓叫，匙脚旋转秋萤光。

何时茅檐归去炙背读文字，遣儿折取枯竹女煎汤。

——苏辙《和子瞻煎茶》

巧合的是，当时苏辙也被任命到洛阳妙觉寺监考。

苏辙没有在试院煎茶，而是看着洛阳的青山草木，内心乡愁如沸。

在和诗中,他也提到煎茶旧法出自西蜀,煮水的声音勾起他的记忆,眉山家中应常煎茶吧?

他还能清晰地记起铜铛在火上发出的嘶嘶声响,茶匙发出的忽明忽灭的微光。

于是他问兄长,什么时候可以重回故乡?

一起在茅檐之下,或竹林之中,读书,晒太阳,用西蜀旧法煎茶。儿子们取来枯枝,女儿们就在一边煮水。研磨茶叶的声音让时间充满香气,太阳光慢悠悠地划过檐角,炭火微红,而铜铛里春水乍皱。

这个问题,就像是苏辙在诗筒里塞进去的一个梦。

少年饮红裙,酒尽推不去。

呼来径山下,试与洗尘雾。

痴马惜障泥,临流不肯渡。

独有汝南君,从我无朝暮。

肯将红尘脚,暂著白云屦。

嗟我与世人,何异笑百步。

功名一破甑，弃置何用顾。

更凭陶靖节，往问征夫路。

——苏轼《与周长官、李秀才游径山，二君先以诗见寄，次其韵二首·其一》

径山有好茶，有好水，还有古刹与老僧。

公务之余，苏轼宁愿与朋友一起访山，去寺庙中找僧人饮茶，也不愿流连无休无止的酒宴，蹉跎了光阴。

杭州径山属天目山余脉，因有两条小径直通山顶而得名，山中古木叠翠，泉水潺潺，终年云雾缭绕，一进山，俗人便成了幽人。一路登上顶峰，犹如步入尘世之外，白云在脚边涌动，感觉功名比浮云还轻。

世间那么多人穷其一生寻求的入仕之路，当真比这条清幽的小路更好吗？

苏轼在山间饮茶，饮的是凌霄峰的春茶。山泉甘洌，茶汤呈碧山之色，明亮浓翠，回甘又有果香。

他想起陶渊明来，那位后来在他至暗时刻带给他力量的人，留下的文字指引。

是否可以像陶渊明一样,在此与白云相伴,与麋鹿为友?再也不用理会什么功名利禄,新法旧政,一瓯茶,一座山,一枕清风值万钱,给个神仙也不换。

这样的念头,就像一双小手,在他心头时不时地挠一下,又一下。

我兄东南游,我亦梦中去。
径山闻已熟,往意穿云雾。
梦经山前溪,足冷忽先渡。
举头云峰合,到寺霜日莫。
香厨馈岩蔌,野径踏藤屦。
平生共游处,骞足蹑高步。
崎岖每生胝,眩晃屡回顾。
何年弃微官,携手众山路。

——苏辙《次韵子瞻再游径山》

与曾经一个在凤翔,一个在汴京一样,苏轼与苏辙的"陈杭两地书"也是十日一次,彼此分享生活细节与内心世界,三年从未间断。

苏轼去的那些地方,苏辙未曾涉足,却全在诗中"卧游"了一遍,譬如这首诗苏辙就有注脚:"得此诗后,梦与兄同游山中,故为此篇。"

苏辙从未去过径山,写起诗来竟如同亲历,也让人不得不惊叹亲情之神奇。

在诗中,他与兄长一起来到山脚下,看见一条清亮的小溪,溪水漫过脚背,清凉又透亮。山中空气是甘甜的,带着独特的草木香,大朵的白云在山峰上聚合,如同召唤。

他们登上山顶,进入山寺,看着对方身披秋日的暮晖,不由得相视一笑,内心的珍重与欣喜一点一点地漫上眼眸。

寺中的斋饭不过是寻常的清粥野菜,但孤灯对坐,灯光落在茶瓯里,那一刻的美好却难以忘怀,令人回味。

苏辙看到兄长似乎还是少年模样,就像曾经在家乡,他们去访山涉水,兄长总会在前面探路,在崎岖的山道上回头看他,笑着向他招手。

"何年弃微官,携手众山路。"这样疏狂的念头,对于谨慎务实的苏辙来说,或许只会在兄长面前,才问了又问,如同梦呓。

苏辙的再游径山,也原是梦游。

但又有什么关系呢?梦是虚无之诗,诗是纸上之梦,人生也是一场大梦。

而诸如此类神秘、奇妙又温暖的体验,也将随着文字,在他们的生命中成为花,成为果,成为永恒。

寂寞山城

天上月是水中月，苏辙只是遗憾，眼前的人不是苏子瞻。

曾经,齐鲁大地,也是两个眉山少年的"诗与远方"。

那时他们还在京师宦游,有次夜雨闲话,谈及以后去哪里任职,苏轼说:"一入宦门如飞蓬,既思归不能,何处不是远方,何处不是家乡?"

苏辙笑道:"闻济南多甘泉,流水被道,蒲鱼之利与东南比,东方之人多称之。"

苏轼想起杜甫少年时也曾壮游齐、赵,便许下心愿:"春歌丛台上,冬猎青丘旁。希望有朝一日,能与苏辙弟一起适齐。"

夜一层一层地静下来,灯花跳跃着,窗外的雨和心事一样,细细密密,透明清亮。

熙宁六年(公元1073年)夏,当苏辙从陈州来到齐州时,眼前的景象是"大旱几岁,赤地千里,渠存而水亡",连很多的泉水都干涸了。

到任后，苏辙更是忙于应付与赈灾相关的各种公务，一年都难有休息的时间。在写给哥哥的信中，他把官事比作一片茂密的森林，说自己就像一个孤独的伐木工。

直到熙宁八年（公元1075年）的春天，三十七岁的苏辙才勉强得暇，到泰山一游。那是属于一个人的小小旅程，他涉过涧谷，沿着峰峦的绿影来到泰山脚下，又到山中古寺观赏了碑文，在寺中住了三日。

略感遗憾的是，他本想体验孔子昔日登泰山而小天下的雄壮，然后夜宿山顶，看金色的太阳从云海里升起来，将九州照亮，但最后并没有按照原计划进行。

他写信告诉哥哥，若真的"会当凌绝顶"，他的腿脚估计会全废。还说在山中乡愁四起，竟莫名想念褒斜谷的栈道。

苏轼自然明白，苏辙真正想念的，是褒斜谷栈道上与之同行的人，以及那段无法重来的年少时光。

苏轼是熙宁七年（公元1074年）冬天到密州的。

这一年早春，苏轼杭州任期将满，按照流程，要回京到吏部报到。但他不愿再回到党争的旋涡中去，于是主动上疏朝廷，请求连续外任。

理由有二：

"携孥上国，预忧桂玉之不充"——挈妇将雏，难免担心京城米贵。这显然是托词。

"请郡东方，实欲弟昆之相近"——当时苏辙正在齐州（济南）任掌书记，他申请调往密州，希望离弟弟更近一点，哪怕只是地理上的亲近。

这理由倒正合变法派的意，苏轼的请求很快被批准了。

他本想坐船去齐州看望苏辙，奈何到了清河，河水冰冻，航运停止，计划只能搁浅。他站在寒风中哀叹，不日竟病了一场。他又托人将自己的近作带给苏辙，苏辙在诗中记道："兄来本相从，路绝人长叹。前朝使者还，手把新诗玩。怜我久别离，卷帙为舒散。"

当时那场旱灾还未过去，苏轼进入密州，所见之处一片荒凉，他赶紧上疏朝廷，为百姓减免赋税。因秋季蝗灾留下的虫卵还在田间，他又亲自带领百姓火烧虫卵，同时紧锣密鼓地求雨，斋戒沐浴，写长长的祭文给山神，跟山神动之以情，晓之以理。

第二年春天，雨水终于落了下来。

只是密州灾荒已久，青黄未接时，流民只能用草和泥土充饥，城里盗贼纵横，百姓纷纷将刚出生的婴儿扔在路边。

"磨刀入谷追穷寇，洒涕循城拾弃孩"，苏轼一度忙得脚不沾地，不是提着刀去追捕流寇，就是流着眼泪去城墙下捡拾被遗弃的孩子。

最多的时候，他家里收留了三四十个婴儿。王闰之心性善良，用米汤喂养那些嗷嗷待哺的小生命，夜以继日，也是劳心焦思。

为了从根本上解决问题，苏轼想了一个办法。他先是下令开设福利院，又打开官仓，拨出一批粮食用作生育补贴。

一段时间后，遗弃婴儿的行为果然明显减少了。

他终于可以停下来歇一口气了。

在信中，他将那种无奈与愧疚告诉苏辙："平生五千卷，一字不救饥。"还说自己的日子是越过越穷了。

苏辙也明白，哥哥的薪水怕是大部分都用来赈灾了，遇到灾荒，便只能用枸杞与菊花充饥，还笑称吃枸杞与菊花颇有养生功效，接连食用的话，连白头发都变少了，他有空一定要写

篇文章来赞美它们。

苏轼后来也果然写了文章。因唐代诗人陆龟蒙有《杞菊赋》,故名《后杞菊赋》:"而余仕宦十有九年,家日益贫。衣食之奉,殆不如昔者。及移守胶西,意且一饱。而斋厨索然,不堪其忧。日与通守刘君廷式,循古城废圃,求杞菊食之,扪腹而笑。"

就像颜回一箪食,一瓢饮,身居陋巷不改其乐,苏轼生活虽日益贫困,但在精神上,他依旧是富足与风雅的。

他阅读陶渊明,阅读庄子,学习他们对待物质生活的超然洒脱,认为人生一世,如屈伸肘。

在芍药盛放的春天,他写诗给苏辙,说密州有风俗,每年必以芍药供佛,他喜欢白色芍药,似肌肤胜雪的佳人,"花不能言意可知",他只想在芍药花下痛饮一场。

而这一年春天,随着雨水的降落,济南的泉水已全部复涌。齐地的庄稼丰收在望,百姓的日子也似乎一点点地好了起来。

苏辙欢喜地写信给哥哥,说夜间读书的时候,第一次发现春雷的声音是那么悦耳。

上元节那天,苏轼在密州的夜色里想起了杭州的灯火与明月,填了一首《蝶恋花·密州上元》:"寂寞山城人老也!击鼓吹箫,却入农桑社。火冷灯稀霜露下,昏昏雪意云垂野。"

杭州富庶,且气候温润,湖山尤美,可谓享乐主义者的天堂。而密州贫穷,连年灾荒,老百姓无心享乐,即便是美好的节日,城里城外也没有浪漫多情的气氛。偶见击鼓吹箫者路过,也是为了去农桑社祭拜神灵,祈求风调雨顺。待稀疏的灯火渐次熄灭,清寒的空气里,便只有昏昏雪意,弥漫四野。

这一年,苏轼正好四十岁。

"寂寞山城人老也",山城的寂寞,自然不只有火冷灯稀、手足分离的寂寞,还有被迫远离京城、怀才而不遇的寂寞,以及冯唐易老、日月若驰的无可奈何。

老夫聊发少年狂,左牵黄,右擎苍,锦帽貂裘,千骑卷平冈。为报倾城随太守,亲射虎,看孙郎。

酒酣胸胆尚开张,鬓微霜,又何妨。持节云中,何日遣冯唐?会挽雕弓如满月,西北望,射天狼。

——苏轼《江城子·密州出猎》

这一年秋,密州太守苏轼去郊外狩猎,喝了不少酒,一时来了兴致,仿佛又回到了疏狂不羁的少年时代。

少年是什么?

是曹植笔下的"白马饰金羁,连翩西北驰。借问谁家子?幽并游侠儿"。

是杜甫笔下的"呼鹰皂枥林,逐兽云雪冈。射飞曾纵鞚,引臂落鹙鸧"。

是天真,是狂傲,是执拗,也是明知不可为而为之的孤勇。

到底是吃了酒。

吃酒后,一呼百应,胸胆开张,他又感受到了自己少年之心的跳动,于是无限豪情被激发了出来,恨不得马上披甲上阵,为家国而战。

当时有朋友向苏轼索诗,他便把这首得意之作呈给朋友,是为《与鲜于子骏书》:"所索拙诗,岂敢措手。然不可不作,特未暇耳。近却颇作小词,虽无柳七郎风味,亦自是一家。呵呵!数日前猎于郊外,所获颇多。作得一阕,令东州壮士抵掌顿足而歌之,吹笛击鼓以为节,颇壮观也。写呈取笑。"

苏轼少年时觉得柳永的词艳俗,如今两鬓微霜,念及"渐霜风凄紧,关河冷落,残照当楼",竟觉得"唐人高处,不过如此"。

中年的苏子瞻,终于可以共情柳七郎了。

都说宋词源流从柳氏来,但苏轼偏要"大江东去,浪淘尽",柳七郎的词是十七八女郎执红牙板,歌"杨柳岸,晓风残月",而他的"老夫聊发少年狂",却适合壮士抵掌顿足歌之。

这阕《江城子·密州出猎》,也被后人盛赞"新天下耳目,弄笔者始知自振",意思是开士大夫以词抒发情志、议论古今的一代新风,让"词"这个体裁打破了"偎红倚翠,浅斟低唱",男子作闺阁调的传统范畴,从而抵达了洋洋江河、蔚然大观的境界。

第一首豪放词,就这般在密州,在苏轼笔下,诞生了。

据《史记》记载,西汉郎官冯唐性情刚正,勇于进谏,却屡次遭遇排挤,一直到白发苍苍,都没能获得赏识。

时运不济,命途多舛,莫过于此。

在此几个月之前,宋辽之战中,大宋又痛失大面积疆土。他却没有机会为国献策,只能守在小小的山城,缉拿鸡鸣狗盗之辈。

但"会挽雕弓如满月,西北望,射天狼",他那一颗"提笔安天下,上马定乾坤"的心,"以天下为己任"的士大夫操守,又怎会因为"鬓微霜"而冷却呢?

大抵酒后吐真言,他的志气与意气,他的英雄本色与名士风流,全在这首词里了。

他也是将这首出猎的小词,当成出征的战歌在写的。

春未老,风细柳斜斜。试上超然台上看,半壕春水一城花。烟雨暗千家。

寒食后,酒醒却咨嗟。休对故人思故国,且将新火试新茶。诗酒趁年华。

——苏轼《望江南·超然台作》

从这首词可以看到,苏轼的内心比刚到密州时确实通透了不少。

"诗酒趁年华",年华易逝,不如自己给自己欢喜。

超然台,本是密州北城墙上的一座废台,苏轼令人增葺后,带领下属登台远望,纵览山川,也算是生活中的乐趣。

台上东面可见卢山,那是秦人卢敖的隐遁之处。向南而望,马耳、常山出没隐见,若近若远,山中应有幽人。西边穆陵关隐然如城郭,那里有姜太公与齐桓公的遗迹。北俯潍水,他不禁想起淮阴侯韩信的丰功伟绩,只叹息他未得善终。

他写信给苏辙,让苏辙为新台取一个名字。这也是兄弟之间一贯的默契与浪漫。

苏辙回信说:"今夫山居者知山,林居者知林,耕者知原,渔者知泽。安于其所而已,其乐不相及也,而台则尽之。天下之士奔走于是非之场,浮沉于荣辱之海,嚣然尽力而忘反,亦莫自知也,而达者哀之。二者非以其超然不累于物故邪?老子曰:'虽有荣观,燕处超然。'尝试以超然命之,可乎?"

苏轼收信后大笑:"知我者,子由也。"

人生是非难辨,荣辱浮沉,而我自有轻舟,超然物外。

在《超然台记》中,苏轼写道:"凡物皆有可观。苟有可观,皆有可乐,非必怪奇伟丽者也。铺糟啜醨,皆可以醉;果蔬草木,皆可以饱。推此类也,吾安往而不乐?"

的确,杭州有杭州的繁华,密州有密州的淳朴,如果仅一味沉浸在境遇的忧伤中,未免辜负少年时代就喜欢的《庄子》

《老子》了。

超然台冬暖夏凉,听雨颇有意境,看雪尤其好。风清月明的夜晚,就更不用说了。

有时候,他还和朋友们去采摘园子里的蔬菜,或到池塘里钓鱼,一起酿高粱酒喝,大家都觉得非常快乐。

苏轼有个朋友叫赵明叔,胶西人,是个资深酒友。每次找苏轼喝酒,醉醺醺的时候就喜欢唱:"薄薄酒,胜茶汤;丑丑妇,胜空房。"

苏轼觉得虽是俚语,咂摸着却很有意思,还有朴素的人生哲理在里面,也正是老子所说的"祸莫大于不知足,咎莫大于欲得。故知足之足,常足矣"。

他便将其扩充,又教朋友们一起唱:"薄薄酒,胜茶汤;粗粗布,胜无裳;丑妻恶妾胜空房。五更待漏靴满霜,不如三伏日高睡足北窗凉。珠襦玉柙万人相送归北邙,不如悬鹑百结独坐负朝阳。生前富贵,死后文章,百年瞬息万世忙。夷齐盗跖俱亡羊,不如眼前一醉是非忧乐都两忘。"

当密州下一个春天到来时,苏轼登上超然台,在细细的春风中,乡愁被吹薄,吹散,化在朦胧的烟雨里。

苏辙从济南寄了茶来,茶里有诗,还有大明湖畔的春风。

济南物产丰饶,不输吴越,苏辙在诗里写"柳条穿颊洗黄金,鲙缕堆盘雪花积。烧薤香橙巧相与,白饭青蔬甘莫逆""西湖幽远人事稀,青莲紫荚倾珠玑。白鱼掉尾黄鳖肥,客醉将起命阍扉"。

秋风起时,苏辙又给苏轼寄来了美酒与鸡头米(芡实),苏轼很是欢喜。苏轼邀请苏辙到密州一聚,说自己新修了一座亭子,然而苏辙因事并未成行。

当时苏辙的上司正好是黄庭坚的舅舅李常,也是兄弟俩共同的朋友。公务之余,苏辙常与李常泛舟湖上,月光大好的夜晚,两个人就那样在画舫里对饮,慢悠悠地垂钓,怀念着故人旧事。

天上月是水中月,苏辙只是遗憾,眼前的人不是苏子瞻。

明月几时有?把酒问青天。不知天上宫阙,今夕是何年。我欲乘风归去,又恐琼楼玉宇,高处不胜寒。起舞弄清影,何似在人间。

转朱阁,低绮户,照无眠。不应有恨,何事长向别时圆?人有悲欢离合,月有阴晴圆缺,此事古难全。但愿人长久,千里共婵娟。

——苏轼《水调歌头·明月几时有》

这首词有序言:"丙辰中秋,欢饮达旦,大醉,作此篇,兼怀子由。"

丙辰,即熙宁九年(公元1076年),苏轼到密州已两年,而他不见苏辙,已有六年。

六年来,兄弟俩看似远离京城,但朝堂上发生的事,就像一根无形的线,在冥冥之中牵引着他们的命运。

熙宁七年(公元1074年),在高太后的干预下,王安石罢相去江宁,宋神宗令韩绛、吕惠卿、曾布执政。吕惠卿身为王安石的心腹,却落井下石,极力阻止王安石回京,同时排挤韩绛与曾布,企图独揽大权。

熙宁八年(公元1075年),韩绛密请宋神宗,召王安石复相。吕惠卿继而构陷王安石,令重压之下的王安石极为失望。加之其后来遭遇丧子之痛,王安石渐生归隐之心。

苏轼得知朝廷用人竟如同儿戏，不免深深担忧，在一篇《盖公堂记》的文章中，他把人事更易比作病寒求医，"三易医而病愈甚""昔之为国者亦然"。

这一年中秋，当宾客散去，他一个人独立高台，真的能做到超然吗？

若真的不应有恨，又何必辗转不寐。

他为何在那个中秋的月夜特别想念苏辙？

即便是宾客再多，欢饮达旦，大醉一场，他依旧无法将内心的缺口填满。

只有苏辙懂他啊。

中秋前，苏辙专门托人给苏轼送来一本《嵇康集》，说读嵇康，总是让他想到兄长。

魏晋名士中，除了陶渊明，苏轼也觉得自己离嵇康最近。

嵇康一生身份颇多，神童，诗人，铁匠，山水知音，艺术全才，养生达人，"龙章凤姿，天质自然"的美男子……但如果剥落所有的标签，他的放浪形骸之下，其实是骨子里恪守的道义与情怀，他穷其一生所追求的，也不过是那个黑暗时代里，精神的光亮与自由的翅膀。

嵇康身上，有着士大夫的深情底色。

苏轼这首《水调歌头·明月几时有》之所以是千古绝唱，除了手足之爱，对自己的劝慰，搭建了"儒、释、道"的多重美学境界之外，还有无法乘风归去的哀伤。

天地之间，月光予人清虚、禅意，还有什么比月亮更能代表精神的高度和理想的高洁？

嵇康为守护那份深情与清洁而蒙冤入狱，后在刑场席地而坐，手挥五弦，目送归鸿，一曲《广陵散》，成了人间绝响，也让他看淡生死，抵达了超然。

故事的结局早已写好，那一刻，站在密州月亮下的苏轼，显然还只是走在通往超然的途中。

"但愿人长久，千里共婵娟。"

人生如此，且拿酒来。

安知风雨夜，复此对床眠

他内敛守拙了半辈子，这内心潮汐一般的悲苦，也只能说给兄长和月亮听了。

熙宁九年（公元1076年）十二月，苏轼收到朝廷诏令，改知河中府。

河中府在山西，路途遥远，本不必急于赴任。但苏轼带着家人很快离开了密州，熙宁十年（公元1077年）正月初就已到了济南。

他实在太想见到苏辙了。

苏辙当时正在汴京等候新的任命，得知哥哥到来，便让三个儿子到济南城外迎接。多年后，苏轼在诗中回忆："忆过济南春未动，三子出迎残雪里。我时移守古河东，酒肉淋漓浑舍喜。"

苏轼在济南住了一个月，每天都沉浸在与亲友久别重逢的欢喜中。

二月，苏辙从汴京出发，与哥哥会合于澶濮之间。时隔七年，两兄弟终于又见面了。苏辙打算送哥哥前去河中府，怎料到了陈桥驿,苏轼却收到改知徐州的诏命,且不得入国门。兄弟俩只能暂居城外范镇家中,直到四月底,才一起到达徐州。

徐州,又称彭城,华夏九州之一,自古乃兵家必争之地,历史底蕴深厚,矿产资源丰富,风景优美,还是有名的帝王之乡。

在徐州,苏家兄弟游览了许多地方。

汉祖庙有一块石头,高三尺六寸,中裂如破竹,相传是汉高祖刘邦的试剑之石。苏辙对试剑石很感兴趣,特意为其作铭,笔意也是豪气干云:"维汉之兴,三代无有。提剑一呼,豪杰奔走。厥初自试,山石为剖。夜断长蛇,旦泣神母。指麾东西,秦、项授首。"

苏轼喜好佛道,苏辙便陪他一起穿过茂密的翠林,到石经院去访寺。从他们留下的诗句中,我们可以看到,山顶寺庙庭中有一株老桧树,树枝清瘦,犹如鹤骨;山头有一口古井,井极深,连通山中伏涧,井水清澈甘甜,沁人心脾,取水时的辘轳声不绝于耳。在苏辙眼中,山寺有孤绝之态,僧房清幽,暮鼓的声音在山间荡漾,似乎可以洗去心中的尘垢。

徐州城东就是泗水,苏轼和苏辙经常带上酒肉,泛舟水上,在渺渺江湖之间,看太阳慢慢落入远山。苏辙有诗纪念那段适意的时光,同时为自己行日将近而心怀不舍:"舟行野凫乱,网尽修鳞跃。香醪溜白蚁,鲙缕填花萼。人生适意少,一醉皆应诺。同游非偶然,后会未前约。简书尚见宽,行日为公却。"

他们一起去登云龙山,喝得醉醺醺的,看着满山的乱石如同静止的羊群,醉倒之后,就睡在大石头上,引得路人拍手大笑。

豪爽的苏轼结交了许多朋友,苏辙常与兄长参加聚会,也越发喜欢徐州的人情与风物:"东游本无事,爱此山河古。周旋樽俎欢,邂逅英豪聚。"有人曾邀请他们到城南亭高卧,苏辙觉得那种清闲不似人间:"旧书半卷都如梦,清簟横眠似欲秋。闻说归朝今不久,尘埃还有此亭不?"他与兄长一起去送朋友赴任,想起自己也将离开,时任南京(应天府)留守的张方平再次聘请苏辙为签书判官,或许又是三年不见,心情不禁黯然起来,只觉得秋风是送客之悲风:"贱仕迫程期,迁延防谴怒。秋风日已至,轻舸行当具。阴森古城曲,苍莽交流处。悬知别时念,将行重回顾。非缘一寸禄,应作三年住。"

逍遥堂后千寻木，长送中宵风雨声。

误喜对床寻旧约，不知漂泊在彭城。

秋来东阁凉如水，客去山公醉似泥。

困卧北窗呼不起，风吹松竹雨凄凄。

——苏辙《逍遥堂会宿二首并引》

关于这两首小诗，苏辙写了一段很长的序言，也是兄弟之间情感的梳理：

"辙幼从子瞻读书，未尝一日相舍。既壮，将宦游四方，读韦苏州诗至'安知风雨夜，复此对床眠'，恻然感之，乃相约早退，为闲居之乐。故子瞻始为凤翔幕府，留诗为别曰：'夜雨何时听萧瑟？'其后子瞻通守余杭，复移守胶西，而辙滞留于淮阳、济南，不见者七年。熙宁十年二月，始复会于澶濮之间，相从来徐留百余日。时宿于逍遥堂，追感前约，为二小诗记之。"

"安知风雨夜，复此对床眠"，逍遥堂内，两兄弟对床而眠，听着夜雨打在古树上的声音，不知今夕何夕，此身何处。

似睡在孤岛上的洞穴里,天地间只有彼此。

又似在眉山的南轩,雨水沿着青瓦落下,打湿了少年的梦境。

恍惚间竟以为践行了前约,正早退闲居,此后的每一天,都如眼前这般光景。却不知依旧身在徐州,官职在身,如飘萍断梗,漂泊在宦海之上,前方还有那么多的礁石、激流、险滩……

他们不见已七年,人生中能有几个七年?

如此,分明眼前还是欢聚的时光,却因为两个人心中都太过珍重,便提前有了不舍,笔下也有了哀音。

听着窗外的风雨,更觉得眼前的一切,就像是梦中的场景,生怕一觉醒来,皆不复存在。

在第二首诗中,苏辙又把苏轼比作"竹林七贤"中山涛的儿子山简。

《世说新语》里说山简经常豪饮到日暮,酩酊大醉后,倒戴着白鹭羽毛装饰的帽子,骑着骏马飞驰,豪逸自放,颇有父风。

"客去山公醉似泥",苏轼再豪逸,也无法消解离愁,就像徐州再好,苏辙也只是过客。

从四月到八月,日子一天天过去,当秋风渐凉的时候,他赴任的日期也快到了。

然而人生如逆旅,谁又不是谁的过客呢?

别期渐近不堪闻,风雨萧萧已断魂。
犹胜相逢不相识,形容变尽语音存。

但令朱雀长金花,此别还同一转车。
五百年间谁复在,会看铜狄两咨嗟。

——苏轼《子由将赴南都,与余会宿于逍遥堂,作两绝句,读之殆不可为怀,因和其诗以自解。余观子由,自少旷达,天资近道,又得至人养生长年之诀,而余亦窃闻其一二,以为今者宦游相别之日浅,而异时退休相从之日长,既以自解,且以慰子由云二首》

苏轼读完苏辙的《逍遥堂会宿二首并引》,内心一如旷野溢满了雨水。

苏辙笔下的哀音，他听得真切，但他还是要安慰苏辙，来日方长，切莫悲观。

在诗中，他用了一个典故来开解彼此，说明人世间的痛苦是比较出来的，幸福亦如是。

《后汉书·党锢传》记载，汉桓帝时，生性正直，为宦官所惧的夏馥为避党锢之祸，剪发变形，隐匿姓名，去当铁匠的下人，终日埋首烟炭之间，三年后，他的弟弟夏静找到他，却是相逢不相识，直到听见声音，才认出日思夜盼的兄长来，于是跪拜痛哭。

"犹胜相逢不相识，形容变尽语音存"，言下之意，如今朝局动荡，我们被迫外放，分隔两地，但与党锢之祸中被迫害的仁人志士相比，尚有小小的立足之地可以为一方百姓做点实事，可以偶尔相对夜雨，追寻前盟。对照夏馥、夏静两兄弟，我们是不是算幸运的呢？

而在七月的潇潇风雨中，苏轼引夏馥之典以和苏辙，似乎可以看到他眼中带泪的苦涩一笑。

在第二首和诗中，苏轼又从道家的角度来劝慰苏辙。

《金液还丹歌》写："北方正气为河车，东方甲乙成丹砂。

两精合养归一体,朱雀调护生金花。"苏辙好养生之术,苏轼同样对炼丹颇有研究,他说相信我们可以长寿永年,那么眼前的分离,岂不是犹如车轮转动一般飞逝而过?

"铜狄",即汉武帝时期所铸造的铜人,也是《后汉书》中的一个典故,方士蓟子训有神仙之术,可长生不老,曾于霸城摩挲铜人,感叹铜人铸造的情景还在昨日,没想到已经过去了五百年。

那么苏轼真的相信他们可以长生吗?

自然不是。如纪昀所说,"此亦刺当日小人营营,终归于尽,而语意浑然不露。"在方外之人的眼中,五百年不过一瞬间;在深情之人的眼中,一日不见如隔三秋;在那些争权夺利、排除异己的小人眼中,仿佛时间可以由他们做主,而实际上,他们所争夺的,包括他们的生命,都将很快被历史的长河淹没。何其短视也。

离别一何久?七度过中秋。去年东武今夕,明月不胜愁。岂意彭城山下,同泛清河古汴,船上载《凉州》。鼓吹助清赏,鸿雁起汀洲。

坐中客,翠羽帔,紫绮裘。素娥无赖,西去曾不为人留。

今夜清尊对客,明夜孤帆水驿,依旧照离忧。但恐同王粲,相对永登楼。

——苏辙《水调歌头·徐州中秋》

这一年中秋,苏辙是跟苏轼一起度过的。

他想起去年,也是那样的月色,苏轼从密州寄信来,"但愿人长久,千里共婵娟",让身在济南的他愁绪万千。"人生代代无穷已,江月年年只相似",于是再看明月,也如故人相见,月光下的一切,都有了深情而惆怅的意味。

这一夜,明月悬挂天心,兄弟俩泛舟汴河,船上有歌姬唱《凉州词》:"葡萄美酒夜光杯,欲饮琵琶马上催。醉卧沙场君莫笑,古来征战几人回?"

直听得人恻然不已,黯然魂销。

一只鸿雁从汀洲惊起,翅尖掠过江面,驮着清亮的歌声与月色,飞向天边。

天边银河流泻,寂静的河面上,无数碎银在一明一灭地闪动。苏轼轻轻叩击船舷,为苏辙唱一支《阳关曲·中秋月》:"暮云收尽溢清寒,银汉无声转玉盘。此生此夜不长好,明月明年何处看。"

苏辙泪眼盈盈。

他们饮了一杯又一杯,仿佛此生尽在此夜。

苏辙又想起王粲来。

王粲,"建安七子"之一,年轻时依附荆州刘表,虽才华冠世,却不得重用,曾写下《登楼赋》怀念故乡,以及抒发岁月流逝、报国无门的感伤:"华实蔽野,黍稷盈畴。虽信美而非吾土兮,曾何足以少留!"鲜花与果实覆盖住了原野,绿油油的庄稼要从田畔溢出来。荆州如此富饶美丽,却终究不是我的故土,何以值得我片刻停留?

高楼之上,凭栏远眺的他,只是一个失意落魄的异乡人。

那样的滋味,苏辙也曾尝过,咀嚼过,吞咽过,从而慢慢成为心底的块垒。

苏辙正是带着失意去徐州的。

熙宁九年(公元1076年)十月,王安石罢相,但朝中新政依旧在进行。不久后,苏辙齐州任满,入京等候新职,其间呕心沥血写下《自齐州回论时事书》,以地方官员的身份,逐条分析新法弊端,力劝宋神宗"去恶如弃尘垢,迁善如救饥渴",

然而宋神宗并未采纳他的建议。

包括此去南京担任判官,也实属无奈,且不说寄人篱下、俸禄微薄的酸楚,就说他那满腹治国安邦之策,入仕十几年来,竟然还从未有过机会施展。

他内敛守拙了半辈子,这内心潮汐一般的悲苦,也只能说给兄长和月亮听了。

安石在东海,从事鬓惊秋。中年亲友难别,丝竹缓离愁。一旦功成名遂,准拟东还海道,扶病入西州。雅志困轩冕,遗恨寄沧洲。

岁云暮,须早计,要褐裘。故乡归去千里,佳处辄迟留。我醉歌时君和,醉倒须君扶我,惟酒可忘忧。一任刘玄德,相对卧高楼。

——苏轼《水调歌头·安石在东海》

这一次,苏辙在徐州住了一百多天,一直到中秋后,八月十六日才出发去南京赴任。

时隔经年,苏轼再作《水调歌头·安石在东海》和苏辙:

"今年子由相从彭门百余日,过中秋而去,作此曲以别。余以其语过悲,乃为和之。其意以不早退为戒,以退而相从之乐为慰云。"

而苏辙的《水调歌头·徐州中秋》,一年后苏轼再唱,依旧伤心不已:"歌君别时曲,满座为凄咽……欲和去年曲,复恐心断绝。"

苏轼安慰苏辙,谢安当年隐居东海,出仕时已两鬓如霜,辞别亲友时,只能用丝竹来舒缓离愁。他本想功德圆满之后就返归东海,怎料因为功高遭忌,被迫前往广陵避祸。昔日携妓东山门的日子,他是再也回不去了,最后只能在广陵的病榻上饮恨而终。

这大约就是古人说的失之东隅,收之桑榆,哪怕他是功勋盖世、名满天下的谢安。

苏轼又开始憧憬与苏辙的"退而相从之乐",故乡太远,选取一处佳地长住也是好的,我们一起穿着老百姓的粗布衣裳,醉酒放歌,我唱你和。我若醉倒了,你就扶我一起入眠,忘掉人间所有的忧伤。

"故乡归去千里,佳处辄迟留",徐州应算是"佳处"吧?

当时的苏轼应有终老徐州之意。

后来在文章中，他称自己很喜欢徐州的风土人情："春夏之交，草木际天，秋冬雪月，千里一色。风雨晦明之间，俯仰百变。"他也不忍心离开当地的老百姓，连买田筑屋的地方都选好了："余为彭城二年，乐其土风。将去不忍，而彭城之父老亦莫余厌也，将买田于泗水之上而老焉。南望灵壁，鸡犬之声相闻，幅巾杖屦，岁时往来于张氏之园，以与其子孙游，将必有日矣。"

他笔下的乡村生活，也像一个温暖散漫的午后长梦："簌簌衣巾落枣花，村南村北响缲车。牛衣古柳卖黄瓜。酒困路长惟欲睡，日高人渴漫思茶。敲门试问野人家。"

苏轼还在诗中写到了刘备的典故。《三国志·陈登传》记载，许汜和刘备曾一起谈论陈登。许汜说陈登乃湖海之士，豪气不除，他去拜访陈登，陈登毫无主客之意，自己躺在大床上，却让他躺在下面的小床上。刘备便说："如今天下大乱，皇帝流离，你却只关心田舍之事，陈登自然不会理会你。若是我，我就躺在高楼之上，让你躺在地上。"

苏轼认为，"岁晏风日暖，人牛相对闲"的田舍之乐，刘备那样百折不挠、雄心勃勃的政治家是无法感同身受的。那么就帝王的归帝王，农夫的归农夫，我与我周旋久，宁作我。

> 彭城一双刀，黄金错刀镮。
> 脊如双引绳，色如青琅玕。
> 开匣飞电落，入手清霜寒。
> 引之置膝上，凛然愁肺肝。
> 我衰气力微，览镜毛发斑。
> 誓将斩鲸鲵，静此沧海澜。
> 又欲戳犀兕，永息行路难。
> 有志竟不从，抚刀但长叹。
> 投刀泪如霰，北斗空阑干。
> 归来刈蓬蒿，锄田植芳兰。
> 惜刀不忍用，用亦非所便。
> 弃置尘土中，坐使锋刃刓。
> 床头夜生光，知有蛟龙蟠。
> 惭君赠我意，时取一磨看。

——苏辙《子瞻惠双刀》

徐州除了盛产花岗石、美味的鱼蟹外，还有削铁如泥的刀剑。

苏辙离开徐州时，苏轼就送了他一对宝刀。

有一次，苏轼出门在外，听到一位吃饭的老人说，徐州地下可能蕴藏大量的石炭（煤），他便立即派人到处勘测，果然在西南白土镇之北的某座山中觅到了矿藏。

从此之后，煤就代替了南山栗木制成的木炭，来到了徐州的锻造业中。有了煤的加持，能工巧匠们更能把刀剑铸造得削铁无声。

"为君铸作百炼刀，要斩长鲸为万段"，苏轼告诉苏辙，这样的刀，拿去斩长鲸都是小意思！

苏辙把刀带到南京，置于床头，却经常悲欣交集。

他欢喜的是，见刀如见兄长，每次打开匣子，都能感受到兄长的关怀之心。

他悲伤的是，在南京，他不过是一个壮志难酬的幕僚，双刀在前，不能斩鲸鲵，不能刈蓬蒿，只能时不时地看一看，用眼泪和叹息，想念徐州的朗月清风。

熙宁十年秋七月乙丑，河决于澶渊，东流入钜野，北溢于济南，溢于泗。八月戊戌，水及彭城下。余兄子瞻适为彭城守，水未至，使民具畚锸，畜土石，积刍茭，完室隙穴，以为水备，故水至而民不恐。自戊戌至九月戊申，水及城下者二丈八尺，塞东西北门，水皆自城际山。雨昼夜不止，子瞻衣制履屦，庐于城上，调急夫发禁卒以从事，令民无得窃出避水，以身帅之，与城存亡。故水大至而民不溃。

——苏辙《黄楼赋并序》（节选）

按照苏辙的回忆，这一年七月，黄河决口，淹没了数十个县，而洪水尚未到达徐州之前，苏轼就已让百姓做好了防洪准备。

所以洪水到来的时候，徐州百姓们并不惊慌。九月，城下洪水高二丈八尺，东西北门全被堵塞，大雨依旧昼夜不停。苏轼穿着草鞋，每天住在城墙上，以总指挥的身份组织百姓防洪，以身作则，与城共存亡。

十月，水位慢慢降低，他又让百姓们增筑城墙，以防洪水重来。他还上疏朝廷，请求拨款修建新的防洪大堤，以救徐州百姓年年"为鱼为鳖之难"。

元丰元年（公元1078年）二月，拨款到账。半年后，徐州外城四道防洪护堤落成，同时竣工的还有南岸大堤一座十丈高的楼台。道家五行中，黄属土，土克水，苏轼就给楼台取名"黄楼"。

重阳日，苏轼在黄楼大宴宾客，一呼百应，全城欢腾。

他写诗记录了当时的良辰美景："河从百步响，山到九里回。山水自相激，夜声转风雷。荡荡清河壖，黄楼我所开。秋月堕城角，春风摇酒杯。"

一日，朋友王巩来看他，带着美貌的歌姬在百步洪吹笛饮酒，乘月而归，他夜着羽衣，伫立于黄楼上，与之相视而笑，以为李太白死后，世间无此乐三百余年矣。

《黄楼赋并序》，正是苏辙给哥哥的贺礼。

除了这份礼物，苏辙还提醒哥哥，一定要谨言慎行，切勿让朝中的某些有心人抓住把柄。昔日在京城等待改官时，他就略有耳闻，有人曾在宋神宗面前弹劾苏轼，说苏轼写诗讽刺新政，罪不容赦。

而且当时苏轼在文坛的地位也已经抵达了欧阳修的高度，

秦观专门到徐州来拜见苏轼，说苏轼是天上的麒麟，"我独不愿万户侯，惟愿一识苏徐州""不将俗物碍天真，北斗以南能几人"。

秦观的诗句让苏轼非常开心，遂将秦观引为知己。

但自古以来，为臣者声名太高，都不算是一件好事。

苏辙是旁观者清，更是兄弟连心。

或许也只有苏辙，在那样的诗句中，在黄楼之下百姓的叩拜声中，闻到了一丝不易察觉的危险气息，听到了朝堂之上风雨欲来的声响。

与君世世为兄弟

他已经把生死看轻了,人生如寄,也当视死如归。他只是不忍,他年夜雨之时,独留苏辙黯然神伤。

元丰二年（公元1079年）十月，苏轼在御史台监狱里写下《狱中寄子由二首》时，他曾以为，那是他生命中的绝笔，以为自己与苏辙的缘分尽了，与人世的缘分也尽了。

御史台，又称乌台，因四周种满柏树，树上栖满乌鸦而得名。

关押苏轼的牢房，是一口百尺深井，井底阴冷潮湿，一举一动都会触碰到墙壁，就像一个微小的地狱。

阳光好的时候，井口会漏下一束巨大的光柱，无数浮尘游动其间，让人想到人生如蜉蝣，过往历历在目。

这一年春，苏轼收到了调任湖州的诏书："苏轼以祠部员外郎、直史馆知湖州军州事。"

去湖州，是他自己争取的。徐州任期将满时，他写了好几封信到汴京，让朝中的老友们帮忙斡旋，说他实在不想回京，如果可以调到江淮之间就更好了。

但诏书到来的那一刻，对徐州的不舍还是盖过了求仁得仁的喜悦。临行前，徐州父老夹道相送，扯着他的马镫不让他走，惹得他泣涕如雨。

他那浪漫多情的诗人本质也从官员的身份里跳脱了出来，在词中写道："隋堤三月水溶溶。背归鸿，去吴中。回首彭城，清泗与淮通。欲寄相思千点泪，流不到，楚江东。"

三月底，苏轼从徐州出发，四月二十日到达湖州，中间还到南京与苏辙相聚了半个月，两兄弟一起拜访了张方平。

这一次的同行者除家眷外，还有一对叫作王适、王遹的兄弟。王氏兄弟是徐州官宦之后，仰慕苏轼声名已久，便跟随苏轼学习作文。苏轼特别喜欢王适，说对方"喜怒不见，得丧若一"，有苏辙少年时的风采。后来王适成了苏辙的女婿。

路过高邮时，秦观追随而来，大家一起欣赏沿途风光，心情都很不错。

在无锡惠山，诗僧参寥作陪，苏轼与亲友们以山泉烹茶，看白鹤飞过青山，闻茶盏里尘世之外的香气，内心觉得十分满足。他在《游惠山》里记录了那段美好的回忆："敲火发山泉，烹茶避林樾。明窗倾紫盏，色味两奇绝。吾生眠食耳，一饱万想灭。"

到湖州后，苏轼又找到了昔日在杭州当通判的感觉。再次回归生命的中隐状态，尽情享受湖山之美，友情之美，远离朝堂，在地方做一个合格的官员。虽然与当初致君尧舜的理想有所差距，但想着就这般诗酒度日，终老江南，也算是弥补了一些遗憾。

可到底是低估了人性的恶。

这一年六月，京城已有风声传来。有人检举苏轼的《湖州谢上表》对皇帝不敬："知其愚不适时，难以追陪新进；察其老不生事，或能牧养小民。"难道朝堂上的新进官员都是惹是生非之辈？这不是讽刺皇帝无能吗？

苏轼不以为然，心想不过是小人故技重施罢了。

数年前，也是在江南，一位叫沈括的官员以故友的身份找到苏轼，让苏轼送他一本诗集，怎知他一回到京城，就将诗集呈给了皇帝，检举苏轼在诗中讽刺新法，愚弄朝廷。不过沈括没有想到，皇帝竟对苏轼的诗集爱不释手。

所以苏轼听说又有人检举他的时候，他还开玩笑说自己的诗不愁皇帝看不到了，当然那句话的背后是他对皇帝判断力的高度信任。

但这一次，朝堂政局几经变幻，王安石离去后，变法派的核心人物已经换成了宰相王珪和御史中丞李定。在他们眼里，苏轼虽不在京城，文名却如日中天，皇帝喜爱他，百姓拥戴他，读书人崇拜他，他随时都可能被任职高位，司马光也随时可能回朝当政。他们要打击苏轼，让苏轼背负杀头的重罪，更要让整个保守派元气大伤。

很快，第二份、第三份检举状又送到了皇帝的手中。

那些苏轼在杭州为农民写下的诗句，再一次成了所谓的罪证——"岂是闻《韶》解忘味，迩来三月食无盐"，这是要挑起民怨，让百姓痛恨新法；《灵璧张氏园亭记》中"古之君子，不必仕，不必不仕。必仕则忘其身，必不仕则忘其君"，则是乱取士之法，无尊君之义，亏大忠之节。

最后，李定在第四份检举状中向皇帝指出，苏轼至少犯有四项杀头大罪，都属于"大不恭"：不悔其过，狂悖自大，伤教败俗，蛊惑民心——在民间，人人都会背苏轼的诗词。

皇帝的脸色渐渐变了，随即下了一道圣旨，让御史台查明

此事。

御史是连夜出发的。据当地百姓说,御史对苏轼的态度很粗暴,"顷刻之间,拉一太守,如驱犬鸡"。

路过扬子江时,因不堪侮辱,苏轼一度想投江,是苏迈拉住了他。苏迈一直跟随在父亲身边,苏家其他人则由王氏兄弟护送,仓皇投奔苏辙,路上遇到官兵搜查,王闰之崩溃大哭,烧掉了丈夫许多诗稿。

苏轼心知肚明,那些人就是想让沿途的百姓看一看,昔日的文章太守沦为阶下囚的样子,所谓"乌台诗案",也不过是儒家礼法再一次被政治与野心利用。

打击苏轼,他们用的是"不恭",就像昔日嵇康含冤入狱,罪名用的是"不孝"。嵇康是在闹市被处死的。古代行刑又称"弃市",选择闹市,即"天子与臣民共弃之",可见对欲置他们于死地的人来说,杀人不够,还要诛心。

苏轼长叹一声,流下了悲伤的泪水。

他又想起御史到湖州来之前,七月初七那天,阳光大好,他在院子里晒书画,看到朋友文同赠给他的《筼筜谷偃竹》,突然悲从中来,失声痛哭。

当时文同去世已有半年了。文同最擅画竹,人称"胸有成竹",性格也是虚怀若谷,清正不阿,却奈何生前处处遭人排挤,死后家中清贫,妻儿竟无力扶柩还乡。

直到去汴京的路上,苏轼才明白,原来那一日的眼泪,是为文同而流,也是为自己而流。

昔汉淳于公得罪,其女子缇萦,请没为官婢,以赎其父。汉文因之,遂罢肉刑。今臣蝼蚁之诚,虽万万不及缇萦,而陛下聪明仁圣,过于汉文远甚。臣欲乞纳在身官,以赎兄轼,非敢望末减其罪,但得免下狱死为幸。兄轼所犯,若显有文字,必不敢拒抗不承,以重得罪。若蒙陛下哀怜,赦其万死,使得出于牢狱,则死而复生,宜何以报?臣愿与兄轼,洗心改过,粉骨报效,惟陛下所使,死而后已。臣不胜孤危迫切,无所告诉,归诚陛下,惟宽其狂妄,特许所乞。臣无任祈天请命,激切陨越之至。

——苏辙《为兄轼下狱上书》(节选)

苏辙最担心的事情还是发生了。

得知苏轼被捕后，苏辙忧心如焚，连夜上疏宋神宗，为兄长求情。

苏辙先是动之以情，写自己与兄长相依为命，手足情深，自兄长赴狱，举家惊号，忧在不测。

再表明苏轼性格狂狷，虽言谈有失，但已悔过自新："臣窃思念，轼居家在官，无大过恶，惟是赋性愚直，好谈古今得失，前后上章论事，其言不一。陛下圣德广大，不加谴责。轼狂狷寡虑，窃恃天地包含之恩，不自抑畏。顷年通判杭州及知密州日，每遇物托兴，作为歌诗，语或轻发，向者曾经臣寮缴进，陛下置而不问。轼感荷恩贷，自此深自悔咎，不敢复有所为。但其旧诗已自传播。臣诚哀轼愚于自信，不知文字轻易，迹涉不逊，虽改过自新，而已陷于刑辟，不可救止。"

然后转述苏轼被捕时的留言。苏轼认为自己必死无疑，而人之将死，其言也善："轼早衰多病，必死于牢狱。死固分也，然所恨者，少抱有为之志，而遇不世出之主，虽龃龉于当年，终欲效尺寸于晚节。今遇此祸，虽欲改过自新，洗心以事明主，其道无由。况立朝最孤，左右亲近，必无为言者。惟兄弟之亲，试求哀于陛下而已。"

最后引出"缇萦救父"的典故——汉文帝时期,太仓令淳于意有罪当刑,其女缇萦随父至长安,请入身为官婢以赎父罪,借以表达他也愿意用自己的官职,来赎兄长的死罪。

然而苏辙的上疏并未收到任何回音。

宋神宗自然知道苏轼的狂狷,他就是有意要治一治这匹"野马"。

八月十八日,苏轼被关进了御史台的监狱,受尽凌辱。

御史们对他通宵辱骂,软硬兼施,试图在他身上找出更多与保守派有关的"罪证"。

苏轼自始至终只承认自己写了讽刺新法的诗。

他把一粒毒药埋在牢房里,但终究没有吃下去。

那么在幽暗的深井之中,在那些痛苦的、屈辱的、孤寒的漫漫长夜里,是什么精神力量在支撑着他熬下去呢?

在寒凉的秋夜,他写御史台的榆树,笔下还透露着坚韧与希望:"谁言霜雪苦,生意殊未足。坐待春风至,飞英覆空屋。"

或许是儿子苏迈送来的每一餐热饭,是狱卒梁成为他打的洗脚水,是与苏辙"风雨对床"的心灵契约,是对家人们的牵挂,是亲友为他求情的消息,也是身处深渊依旧仰望星空的士大夫风骨。

直到有一天,苏轼打开食盒,双手忍不住颤抖起来。

食盒里是一条鱼。

他不知道,那天送饭的并不是苏迈。

他们父子之间有一个"平安蔬菜杀头鱼"的暗号。但那天苏迈要出城借钱,便托亲戚去给父亲送饭,送鱼,只是巧合而已。

那顿饭,苏轼一口都没有吃。

寒鸦在柏树上不断盘旋,叫声格外凄厉,他枯坐了许久,依旧抓不住笔杆。末了,他还是写了两首绝命诗,拜托狱卒梁成交给苏辙。

圣主如天万物春,小臣愚暗自亡身。

百年未满先偿债,十口无归更累人。

是处青山可埋骨,他年夜雨独伤神。

与君世世为兄弟,更结来生未了因。

柏台霜气夜凄凄,风动琅珰月向低。

梦绕云山心似鹿,魂惊汤火命如鸡。

眼中犀角真吾子,身后牛衣愧老妻。

百岁神游定何处,桐乡知葬浙江西。

——苏轼《予以事系御史台狱,狱吏稍见侵,自度不能堪,死狱中,不得一别子由,故作二诗授狱卒梁成,以遗子由》

苏轼入狱后,一家十口都要苏辙照顾,让他很是过意不去。苏辙子女众多又薪资微薄,早已负债如山。昔日他跟驸马王诜借钱,就是为了资助苏辙。

如今,他就要去了,苏辙以后的日子想必愈发艰难。

他已经把生死看轻了,人生如寄,也当视死如归。他只是不忍,他年夜雨之时,独留苏辙黯然神伤。

然而,事已至此。他只希望,来世可以与苏辙继续做兄弟。

深秋的乌台,柏叶已经落尽,到了夜间,霜气足以侵入骨髓。冷风呜咽着,吹动檐角的风铃,月亮一点点落了下去。

心有天游者,闭目即得自由,如花在原野,如鹿入春山,纵使命悬一线,即将成为刀俎上的鱼肉。

苏轼叹息了一声。

他想起儿子们来。他的小儿子还那样年幼,漆黑的眼睛,高高的颧骨,像极了他儿时的模样。还有王闰之,跟着他漂泊多年,鲜有安稳的日子。自己能留给她什么呢?他身后,仅有几把御寒的稻草。想到此,他不免一阵心酸,继而愧疚不已。

赴狱途中,他听闻浙西一带的百姓都在自发作"解厄道场"为他祈福,让他非常感动,所以希望自己死后可以葬在浙西。

这两首绝命诗,苏辙拒收了。

极有可能,苏辙是故意拒收的,就是为了让皇帝看到。皇帝读后,果然深受感动,他情感的天平,已经倾向了苏轼这一边。

这时还一直有人在为苏轼求情,包括已经致仕的元老大臣范镇和张方平。

当朝左相吴充有一天问宋神宗:"陛下,曹操是个什么样的人?"

宋神宗说:"不值一提。"

吴充就说:"曹操那样多疑的人,尚能容忍击鼓骂曹的祢衡,陛下为何就不能容忍一个写诗的苏轼呢?"

王安石的弟弟王安礼不顾李定的恐吓,直言切谏:"自古以来,大度的君王,都不会因为言语去怪罪人。"

隐居江宁,不问世事的王安石上疏说:"岂有圣世而杀才士者乎?"(宋太祖曾立碑不杀士大夫和上疏言事者。)

一个人在危难之时,能得到朋友的帮助并不稀奇,但如果昔日的政敌也为他说话,说明了什么?

宋神宗陷入了沉思。

不久后,宋神宗的祖母,病榻上的光献太皇太后曹氏又为解救苏轼助了一臂之力。

当想用大赦天下的方式为祖母祈寿的时候,太皇太后流着眼泪说:"不必大赦天下,便宜了凶恶之人,放了苏轼就够了。"

宋神宗心里一软,也落下泪来,十月十五日即下诏:"死罪流囚以下,一律开释。"

十二月二十八日,乌台诗案处理的结果出来了:苏轼被贬至湖北黄州担任团练副使，本州安置，不可签署公文；苏辙被贬至江西筠州担任监酒小官，五年不得调；驸马王诜被削除了所有的官职与爵位；王巩被贬至遥远的广西宾州；张方平、范镇、司马光、黄庭坚等收受过苏轼诗词且不主动上缴的官员各罚铜二十斤到三十斤不等。

二十九日正好是除夕，入狱四个多月的苏轼终于走出了乌台，并初步获得了小范围内的自由。

他走在汴京的阳光下，眯着眼睛看街巷中有僧人结队念佛，挨门化缘，百姓们大门上贴着鲜艳的桃符，门神目光如电。

他慢悠悠地走着，感受着冬阳的洗礼，风从鼻尖拂过，已隐约有了春天的气息。

百日归期恰及春，余年乐事最关身。
出门便旋风吹面，走马联翩鹊啅人。
却对酒杯浑是梦，试拈诗笔已如神。
此灾何必深追咎，窃禄从来岂有因。

平生文字为吾累，此去声名不厌低。

塞上纵归他日马，城中不斗少年鸡。

休官彭泽贫无酒，隐几维摩病有妻。

堪笑睢阳老从事，为余投檄向江西。

——苏轼《十二月二十八日，蒙恩责授检校水部员外郎黄州团练副使，复用前韵二首》

出狱后，苏轼又忍不住写了两首诗，步的是绝命诗的韵。

写绝命诗的时候，他以为自己这辈子再也不能拿笔写诗、喝酒饮茶了。但现在，他又喝到了美酒，一下笔，依旧思如泉涌，真是大好的人世啊。

回首乌台狱中的日子，就像做了一个长梦。

世人都说他是被平生文字所累，唯有苏辙一语中的，"东坡何罪？独以名太高！"

罢了。塞翁失马，焉知非福？

就像陶渊明，隐居山野固然清贫，但身在自然的悠闲，也是官场中人无法享受的。

维摩诘虽是居士，心有慈悲，即得菩提。

他就是感觉对不住苏辙，因为自己，苏辙把仕途也断送了，往后的日子,估计更加穷困了。

他又想起入狱途中,过平山堂下,当时与朋友杜介的家一墙之隔,而自己乃罪犯之身,五花大绑,未知死生,更不得与之相见,不禁泪流满面。

杜介一介布衣,每天穿着草鞋出入山间,以采药为生,却是逍遥自在的世外幽人。那一刻,他眼前的纸窗竹屋,药垆棋局,都散发着自由的柔光,带给了他极大的触动。

后来他给杜介写信,提及那日在墙外不得相见,感叹道:"慨然羡慕,何止霄汉。"

唉,罢了。

好在他马上就可以见到可怜的苏辙,也即将与自己的纸窗竹屋相见了。

千里快哉风

但这个名字,并非平行空间中的苏轼,也非穿上另一个名字的衣裳,它从苏轼的生命中提炼而来,代表了士大夫的深度、广度、高度与纯度。

元丰三年（公元1080年）正月初一，在御史台官差的押送下，苏轼带着苏迈一同前往黄州。

启程十天后，他们路过陈州，那是苏辙昔日任职的地方，宛丘（陈州）风景旧曾谙，却已物是人非，苏辙从南京赶来，带着满身风雪疾驰二百里，兄弟俩执手相见，不禁眼泪涟涟。

苏轼在诗里写道："夫子自逐客，尚能哀楚囚。奔驰二百里，径来宽我忧。相逢知有得，道眼清不流。"

兄弟俩在陈州相聚三天，风雪对床，商议家事，决定让苏轼、苏迈先行，待春暖花开后，苏辙去江西贬所时，再送兄长的家眷去黄州。

十四日，兄弟俩再次在雪中分道扬镳。

苏轼乘船南下，"泪洒东风别宛丘"。苏辙返回南京，接下来的几个月，被贬官的他还将继续承担起两家人近四十口的生活开支。

苏轼想起十九年前去凤翔赴任,苏辙去送他,他在渑池写下思念苏辙的诗句,也是漫天飞雪,天地一白。"人生到处知何似,应似飞鸿踏雪泥",十九年的时间,青丝已成白雪,春风少年亦成失意犯官,想想真是造化弄人。

颍水悠悠,驿道上送行的马蹄拉长了时间,梅花的香气被风吹送。

苏轼闭上眼睛,仿佛听到仕途之门缓缓关闭的声音。

他甚至以为,与中原的缘分就这样尽了。永诀中原,终老黄州,让他有些失落,但这样的结局,在他心里尚不及兄弟分离、长久不得相见来得伤感。

苏辙一直在修行昔日陈州道士教授的养生之术,人到中年依旧眼神清亮,宛若少年。一个人只要有那样的眼神,想来仕途的坎坷、生活的重担,都不能击垮他。

而四十五岁的苏轼含泪看着苏辙的身影越来越远,越来越小,感觉自己愈发老了。

二月初一,苏轼终于抵达黄州。

这座长江边的寂寞小城,经济凋敝,人烟稀少,但还是敞开怀抱收留了他。他的命运,也将与这座城的山川草木、风物人情密切地联系在一起,在文学史上彼此照亮,留下伟大的历史图景,光耀至今。

初到黄州,苏轼还没有落脚之地,父子俩便只能寓居在定惠院里,与僧人同吃同住。

入狱之前,苏轼每天都很忙碌。现在,时间忽然用不完似的,多得让他有点恍惚。于是,他把曾经做官时没来得及做的事情都做了一遍。去小溪里钓鱼,一钓就是一天;去山林里采药,迷路了就大声唱歌;去江边看云,和当地的孩子们比赛打水漂;到田间地头找老百姓聊天,央着人家给他讲故事;和醉汉睡在一起,被人家推骂也不生气。

他把孤独与茫然埋藏在心底,不敢随便去见故友,或写信向苏辙倾诉,甚至回信都小心翼翼。他知道变法派还没有彻底放过他,为了不连累他人,他正在练习如何谨言慎行。好在黄州百姓还不认识他,他也"自喜渐不为人识"。

奈何他是一个有佛缘又有人缘的人,又总是忍不住想表达情感。

定惠院的住持在潦倒失意的苏轼身上看见了魏晋风度,专门给他在寺庙的竹林里搭建了一个小亭子,取名"啸轩",供他"独坐幽篁里,弹琴复长啸"。他非常感动,赶紧赠诗报答。

当地见识长远的乡绅邀请他到家中吃鱼,品尝当地甜美多汁的竹笋。果子成熟的时候,他到人家的果园里看花喝酒,喝得微醺时,主人趁机拿出纸笔,他也顺水推舟,留下一两首小诗。

缺月挂疏桐,漏断人初静。谁见幽人独往来,缥缈孤鸿影。惊起却回头,有恨无人省。拣尽寒枝不肯栖,寂寞沙洲冷。

——苏轼《卜算子·黄州定惠院寓居作》

到了夜间,尤其有月亮的时候,士大夫的灵魂就在他身体里苏醒了,他读过的庄子、陶渊明也在他灵魂里苏醒了。

他成了月下的漫步者。月光清冷的气息中,昨日一一重现,包括自己孤鸿般的宿命。

"拣尽寒枝不肯栖",是一种执着与坚守,也是一份自己为自己设立的不将就。

寂寞,是注定的。

而相比乌台中的深井，无处倾诉的寂寞才是世间最大的牢笼。

惊尘急雪满貂裘，泪洒东风别宛丘。
又向邯郸枕中见，却来云梦泽南州。
眇离动作三年计，牵挽当为十日留。
早晚青山映黄发，相看万事一时休。
——苏轼《今年正月十四日，与子由别于陈州，五月，子由复至齐安，以诗迎之》

这一年暮春，苏辙离开南京，沿水路南下，到了鄱阳湖后，他把妻儿安置在九江，然后溯长江西上，送哥哥的家眷到黄州。中途秦观得知苏辙过高邮，不惧苏辙是戴罪之身，特来相见，又扁舟相送六十里，患难中的真情让苏辙感触颇深。他写诗给秦观："笔端大字鸦栖壁，袖里清诗句琢冰。送我扁舟六十里，不嫌罪垢污交朋。"

过扬州时，苏辙又想起嵇康的《广陵散》，更是悲伤不已。

嵇康之后，《广陵散》绝。嵇康被杀的时候，就是其兄长嵇喜为他取来了古琴"片玉",就像从前无数次坐在山阳竹林中弹琴一样,嵇康在刑场席地而坐,角羽俱起,宫徵相证,琴音流泻开来,忽而淡淡流水,簌簌冷风,忽而纷披灿烂,戈矛纵横。他的手在弦上纵情挥动,似已将宫商角徵羽化作青赤黄白黑,化作金木水火土,化作刀枪剑戟斧,化作仁义礼智信,化作骨筋气肌血。日光打在他的身上,刑场慢慢被一股浩然之气笼罩,人们止住了哭声,整个世界都沉寂了下来。

那样的浩然之气,苏辙认为,他哥哥苏轼身上也有。

而他之所以那样悲伤,是因为他看到了嵇康之死的背后,是一个英雄式的悲剧,和一个配不上英雄的朝堂。

苏辙到黄州,苏轼含泪写诗相迎,想起的却是柳宗元和刘禹锡。

"早晚青山映黄发,相看万事一时休。"苏轼在诗中有小注:"柳子厚《别刘梦得》诗云:皇恩若许归田去,黄发相看万事休。"

实际上,苏轼记忆有误,上句是柳诗,下句是刘诗。

在"刘柳"身上,苏轼看到的是对方相同的理想、志趣和命运轨迹,有宦海之上休戚与共的情义,有满腔热情被打压,被羞辱的悲愤和无奈,像极了他与苏辙手足之情的异姓版本。

昔日柳宗元与刘禹锡同中进士,满怀政治热情,志在革新朝廷弊政,为百姓分忧解难。怎料朝廷之上云谲波诡,各种利益关系网错综复杂,理想主义者们的革新失败了,他们两个人也一起被贬出京城,一个去湖南永州,一个去湖南朗州。十年后,他们一同被召回京,又很快再次被贬蛮荒之地,一个去广西柳州,一个去广东连州,从此歧路西东,再难相见。

造化弄人吗?不过是人心叵测。在嵇康的时代,儒家礼法可以被政治与野心利用,成为愚民的手段;"刘柳"时期,权力被小人掌控,士大夫的命运同样可以被人玩弄于股掌之间。

千百年来,日光之下无新事。

第二次被贬后,柳宗元写下《重别梦得》:"二十年来万事同,今朝歧路忽西东。皇恩若许归田去,晚岁当为邻舍翁。"

刘禹锡回:"弱冠同怀长者忧,临岐回想尽悠悠。耦耕若便遗身老,黄发相看万事休。"

在诗中,他们各自放进了一个弃官归田、比邻而居的梦,可叹那个时候,他们都不知道,柳宗元已经没有时间了,他官终柳州刺史,年仅四十七岁,入朝的壮心与归田的梦想,尽付东流。

"官无中人,不如归田。"苏轼心中亦大恸。

他知道自己与苏辙此一别至少三年不得相见。那无法预料的,又会是什么呢?

佛经里说一切有为法,如梦幻泡影,如露亦如电,应作如是观。

人生若是庄周梦蝶,镜花水月,苏轼唯一可以确定的就是,在这场盛大的虚妄中,苏辙是他的命运共同体,也是最温暖的存在。

新破荆州得水军,鼓行夏口气如云。
千艘已共长江崄,百胜安知赤壁焚。
觜距方强要一斗,君臣已定势三分。
古来伐国须观衅,意突成功所未闻。

——苏辙《赤壁怀古》

在黄州,兄弟俩先是同游赤壁,后又过江去访武昌西山,一路同题唱和。初夏的黄州,草木苍然,山水清美,他们的伤感被自然之美和手足之情稀释，只觉得时光如金，彼此重逢在梦中。

黄州西北，长江之滨，距太守官邸数百步的地方，有一片赤色的悬崖峭壁倒映在深碧的江水中，当地人将其称为"赤壁"，相传是三国时周瑜用巧计火烧八十万曹军的古战场。事实上，真正的赤壁在荆州蒲圻县沿江一百里的南岸。

但有什么关系呢？怀古，怀的不过是天地间伟大的灵魂。

风拂过耳边，似有铁马金戈，战鼓如雷。风拂过江面，像翻阅时间的册页，斗转星移，月光荡漾。

怀古，也是用历史的酒杯浇今日的块垒。

隐约有影射西夏战事之意，同时也可以看出他内心的浩荡与仁爱。

大江东去，浪淘尽，千古风流人物。故垒西边，人道是，三国周郎赤壁。乱石穿空，惊涛拍岸，卷起千堆雪。江山如画，一时多少豪杰。

遥想公瑾当年，小乔初嫁了，雄姿英发。羽扇纶巾，谈笑间，樯橹灰飞烟灭。故国神游，多情应笑我，早生华发。人生如梦,一尊还酹江月。

——苏轼《念奴娇·赤壁怀古》

如果伟大的灵魂之间可以互通心事,伟大的文学作品应该可以通神。

"人生如梦,一尊还酹江月",这一次,苏轼没有"妄论时事",只是用文字的舟楫,涉过时间的河流,洞悉了人生的真相。

后来,苏轼又多次去赤壁。或一人,一舟,一樽酒,一江明月;或与朋友一起,携酒备菜,夜宿舟上,直至东方既白。在那一个小小的地理坐标上,那一方广袤的天地间,他一点点地解开了心灵的羁绊,身份的枷锁,写下两篇流传千古的"赤壁怀古",也让精神抵达了真正的旷达与自由。

苏轼留苏辙在黄州住了十日。兄弟分别时,苏辙在诗里写:"千里到齐安,三夜语不足。劝我勿重陈,起游西山麓。"

苏轼回:"与君聚散若云雨,共惜此日相提携……却忧别后不忍到,见子行迹空余凄。"

对床夜语，与子同游，如此十日的珍贵，可抵人世苦寒，岁月漫长。

世事一场大梦，人生几度新凉？夜来风叶已鸣廊，看取眉头鬓上。

酒贱常愁客少，月明多被云妨。中秋谁与共孤光，把盏凄然北望。

——苏轼《西江月·黄州中秋》

这一年中秋，苏轼的心情很沉重。不久前，他的乳母去世，他难过极了。他又病了一场，鬓上新添了几缕白发，凉风乍起，时感世事如梦，岁月如催。

他很想念远方的苏辙。苏辙刚到筠州就遭逢水灾，夭折了一个女儿，那样肝肠寸断的悲痛，他亦感同身受。

薄酒最忌柔肠。独斟独饮的人满心凄然，月光倾泻在他的脸上，仿佛命运的击打。

最直接的，就是一家人的生计之忧。

在黄州，苏轼几乎没有工资。好在不必租房，在太守的帮助下,他带着家人寄居在"临皋亭"——那本是官府的一座驿站,紧靠长江,房屋简陋,尚能遮蔽风雨。他觉得很满意,临江而居,风涛烟雨,晓夕百变,山水就像落在自家茶席上,对他来说,是一种不同寻常的居住体验:"江山风月,本无常主,闲者便是主人。"

只是家里实在太穷了。他便想了一个办法:在每个月初,拿出四千五百文钱,将其分成三十等份,用长柄木杈一份一份地挂在房梁上,然后每天早上取下来一份。即便一天的钱不够用,也不能动用其他的钱,如果哪天有剩余,就存在竹筒里。当然竹筒里的钱也要精打细算,那可是用来招待客人的。最重要的是要藏好木杈,不要被自己的手"看到"。

其间他忍不住给苏辙写信,说他终于懂得了陶渊明的贫困。《归去来兮辞》里写:"幼稚盈室,瓶无储粟。"粮食少得用瓶子储存即可,屋里嗷嗷待哺的孩子,竟然比瓶中的粟米还多。

而苏辙不仅贫困,还有债务,便感叹道:"胸中万卷书,不如一囊钱。"

十一月,初寒天气,苏轼收到了秦观的信。

秦观非常怜惜苏轼的遭遇，称苏轼是"仰不愧于天，俯不怍于人"的坦荡君子，顶天立地，光明磊落，又宽慰苏轼，不要被外物所困。

这一夜，苏轼喝了点酒，就在灯下给秦观回信，说自己在黄州日子过得还行。黄州山水佳绝，百姓纯朴，村酒醇酽，美食诸多，"柑橘椑柿极多，大芋长尺余""猪牛獐鹿如土，鱼蟹不论钱"。他把很多开心的事都告诉了秦观，比如自己的省钱计划，有了这个妙计，一年都不用想事，"度囊中尚可支一岁有余，至时别作经画，水到渠成，不须顾虑，以此胸中都无一事"。

写着写着，他自己也开心了起来。

最后他说，我还想写，可惜这纸不够了。想必你读到这里，一定会哈哈大笑，我已经想象到你笑的样子了，"欲与太虚言者无穷，但纸尽耳。展读至此，想见掀髯一笑也"。

那么苏轼是如何变成苏东坡的？

还要从城东那片荒地说起。那本是军队的营地，被官府弃置多年，面积有五十多亩，当时已杂草丛生，布满瓦砾。在一位朋友的帮助下，苏轼获得了土地的使用权，正式成了一名农夫，同时也将自己从困境中拔了出来。

农人的基因在他身体上苏醒了，或者也可以说，是绝境求生的毅力推了他一把，如茹毛饮血的人必须学会钻木取火。他先是带着家人们开垦荒地，又购买了一头耕牛，然后开始种小麦，种稻谷，种蔬菜，也种桃李。一切都安排得井井有条，土地很快丰收在望。最后，他还修建了几间房屋。

他想起唐代白居易曾在流放时躬耕于忠州的东坡，于是，他将这片土地也命名为东坡。他本想起个名字叫"鏖糟陂里陶靖节"（邋遢版的陶渊明），但是考虑旁人不好称呼，就干脆自号"东坡居士"。

他似乎认命了："梦中了了醉中醒。只渊明，是前生。走遍人间，依旧却躬耕。"

与土地亲近，与山水亲近，与大自然亲近，时间会慢慢修复心伤，快乐也就变得简单了。

给朋友写信的时候，他开始自称"东坡居士"："东坡居士酒醉饭饱，倚于几上，白云左绕，清江右洄，重门洞开，林峦坌入。当是时，若有思而无所思，已受万物之备，惭愧！

惭愧！"

这个时期，他的文字已经不断有轻舟已过万重山的松弛气息弥漫出来。

那是一种归田而居，布衣蔬食而自得其乐的满足与自在；是胸中廓然无一物，天壤之内皆可供我自娱的豁达与自由；也是履道坦坦，幽人贞吉，一蓑烟雨任平生的坦然与自若。

当颗粒归仓，大雪降临时，他又在菜园中辟出一块空地，修建了一座小小的"雪堂"，专门用来著书和会客。

雪堂的客人包括但不限于米芾、王巩、秦观……这里就像一个艺术交流场所。

他经常大方地将自己收藏的画作拿给客人欣赏，大家一起讨论画艺和诗文，一边小口品尝自家酿的蜜酒。兴致来的时候，他还会现场作一首诗或一幅画，送给新朋友当定交的礼物。

他笔下的很多名篇，包括人生中的巅峰之作，也都诞生于雪堂的几案上。经常，他白天做过"东坡肉"的手，夜间就在雪堂的月光下，画那些举世无双的瘦竹、怪石和枯树。

苏轼的浪漫，是士人的浪漫，也是农人的浪漫，他的心里，始终有一根线在牵着他，系着他，让他欲乘风归去，而恐高处不胜寒。

岁十二月,乃克支其欹斜,补其圮缺,辟听事堂之东为轩,种杉二本,竹百个,以为宴休之所。然盐酒税旧以三吏共事,余至,其二人者适皆罢去,事委于一。昼则坐市区鬻盐、沽酒、税豚鱼,与市人争寻尺以自效。莫归筋力疲废,辄昏然就睡,不知夜之既旦。旦则复出营职,终不能安于所谓东轩者。每旦莫出入其旁,顾之未尝不哑然自笑也。

——苏辙《东轩记》(节选)

苏轼修建了雪堂,苏辙也构筑了东轩。

苏辙到筠州时,一场大水淹没了州府,他与家人无容身之处,只好到衙门借居,直到十二月才修补好房屋,又在厅堂的东边盖了一间小屋,屋前种修竹百竿,杉木两株,打算用来会客和休憩。

无奈的是,东轩修好后的很长一段时间里,苏辙一直忙于公务,一个人做了三个人的工作,终日在外奔波,夜间归来时,早也精疲力尽,无心体验东轩的美好。想起自己早出晚归都从东轩旁边经过,却不能入内好好休息一下,他不禁哑然苦笑起来。

在《东轩记》中,苏辙还说自己小时候不喜欢颜回的"一箪食,一瓢饮,在陋巷,人不堪其忧,回也不改其乐",不解一个人为何要自苦如此?自他来到筠州后,整日为公务和盐米奔波,根本无暇读书,才明白颜回为何甘心贫贱,而不愿求取功名。对于心怀理想的圣贤来说,斗升之禄其实是一种羁绊。奈何他"虽知桎梏之害而势不得去",只能暗自期待着,有朝一日可以回到家乡,实现躬耕田园、兄弟比邻的愿望。

除了在穷愁中怀抱期待,苏辙又是如何实现心灵的救赎,抵达平和之境的呢?

或许是从工作清闲下来,开始结交方外人士开始。在写给苏轼的诗中,苏辙注解说:"筠州无可语者,往还惟一二僧耳。"

筠州多山,山中多寺。黄檗山的道全和尚认为苏辙极具慧根,有次特意对苏辙说:"君静而惠,可以学道。"圣寿寺的有聪和尚也是苏辙的朋友,苏辙每次路过寺门,有聪和尚都会留他喝茶,两个人一起讨论佛理。

在《筠州圣寿院法堂记》中,苏辙写:"余既少而多病,壮而难，行年四十有二而视听衰耗，志气消竭。夫多病，则与学道者宜；多难，则与学禅者宜。既与其徒出入相从，于是吐故纳新，引挽屈伸，而病以少安；照了诸妄，还复本性，而忧以自去。洒然不知网罟之在前，与桎梏之在身。"

昔日在陈州，一位好心的道士传授的服气法治好了苏辙的肺疾，算是解救了他的多病之身，也让多年坚持此法的他变得眼神清亮，体格健硕。在筠州，他又通过博大精深的佛学，将自己从情绪的沼泽中解救了出来，洗去心灵的尘垢，不惧世间的是非荣辱，活得自在而本真。

苏辙有一首《雪中洞山黄檗二禅师相访》："江南气暖冬未回，北风吹雪真快哉。雪中访我二大士，试问此雪从何来？君不见六月赤日起冰雹，又不见腊月幽谷寒花开。纷然变化一弹指，不妨明镜无纤埃。"

笔底已有清幽气息，佛家语言。菩提无树，明镜非台，心无外物，何来尘埃？

天地万物变幻无穷，在岁月的长河面前，一个人的一生，也不过一弹指。

凡所有相，皆由心生。那一刻，苏辙看到洞山云庵和尚和黄蘖道全和尚两位老禅师向自己踏雪而来,只觉拂面的北风成了快哉之风。

落日绣帘卷,亭下水连空。知君为我新作,窗户湿青红。长记平山堂上,欹枕江南烟雨,杳杳没孤鸿。认得醉翁语,山色有无中。

一千顷,都镜净,倒碧峰。忽然浪起,掀舞一叶白头翁。堪笑兰台公子,未解庄生天籁,刚道有雌雄。一点浩然气,千里快哉风。

——苏轼《水调歌头·黄州快哉亭赠张偓佺》

元丰六年(公元1083年)冬,来到黄州的另一位谪官张偓佺在临皋亭之上修建了一座亭子,用来会客和欣赏江流之胜。苏轼为亭子取名"快哉",又以此词相赠。

这一日黄昏,苏轼去快哉亭访张偓佺,只见落霞如绣,铺展在烟波江上,远远望去,亭子就像浮在江水中,水天一色,令人叹为观止。为迎接苏轼的到来,张偓佺还特意将窗户涂上红漆,然后两个人在亭子里看大江斜阳,山河万朵,人在其中,真是快哉。

此情此景，苏轼想起了欧阳修的词："平山阑槛倚晴空，山色有无中。手种堂前垂柳，别来几度春风？"欧阳修逝去后，他曾去扬州平山堂访恩师足迹——平山堂，正是欧阳修任扬州太守时修建的。靠着枕席，欣赏江南烟雨，看孤鸿隐入青山。平山堂前的杨柳、烟雨和孤鸿，都见证过"文章太守"的风流，挥毫万字，一饮千钟。

苏轼又想起宋玉的《风赋》来。"兰台公子"，指的正是楚国辞赋家宋玉，据其《风赋》所记，楚襄王游于兰台之宫，有风飒飒而来，楚襄王道："快哉此风！寡人所与庶人共者邪？"宋玉回："此独大王之风耳，庶人安得而共之？"说楚襄王享受的是雄风，故格外舒适，而百姓享有的，是浑浊的雌风。

宋玉借风讥讽楚襄王的昏庸，但苏轼却要为风鸣不平。他很喜欢庄子对自然的见解——风是自然造就，是世间的天籁。所以他认为，只要心有浩然之气，就可以享受来自千里之外的快意之风。

玉之言盖有讽焉。夫风无雌雄之异，而人有遇不遇之变；楚王之所以为乐，与庶人之所以为忧，此则人之变也，而风何与焉？士生于世，使其中不自得，将何往而非病？使其中坦然，不以物伤性，将何适而非快？

今张君不以谪为患，窃会计之馀功，而自放山水之间，此其中宜有以过人者。将蓬户瓮牖无所不快，而况乎濯长江之清流，揖西山之白云，穷耳目之胜以自适也哉！不然，连山绝壑，长林古木，振之以清风，照之以明月，此皆骚人思士之所以悲伤憔悴而不能胜者，乌睹其为快也哉？

——苏辙《黄州快哉亭记》（节选）

苏轼把赠给张偓佺的《水调歌头·黄州快哉亭赠张偓佺》附在信后寄给苏辙，很快，苏辙便回复了一篇《黄州快哉亭记》。

苏辙先是回忆了临皋亭下的长江风光，说那一段江面有大海气象，接着又想象身临快哉亭的情景："盖亭之所见，南北百里，东西一舍。涛澜汹涌，风云开阖。昼则舟楫出没于其前，夜则鱼龙悲啸于其下。变化倏忽，动心骇目，不可久视。"除了风景，他所动心的，还有英雄的传说，历史的风云。那是曹操、孙权争霸的地方，也是周瑜、陆逊的建功之地，如此流风遗迹，立足其上，可谓美哉，壮哉，快哉！

苏辙也谈到宋玉的《风赋》。和哥哥一样，苏辙也认为风无雌雄之分，一个人生活在世上，心中不够开阔，到哪里都不会过得快乐。相反，心胸坦荡的君子，不被外物所困，不管身处何地，都能获得快意的人生。

最后，他称赞张偓佺并未因为被贬黄州而意志消沉，而是选择在公事之余，与山水自然亲近，从而身心愉悦，是一种值得学习的智慧和能力。拥有这种能力的人，生活在茅屋之中，都觉得很快乐，更别说可以饱览快哉亭周边的美景了。自古以来，被贬谪的文人都容易沉浸在仕途失意的情绪中无法自拔，伤春悲秋，见景生愁，看见大江就顾影自怜，看到明月就满心憔悴，生活中哪里还有快意可言，又怎能感受到快哉之风？

岂止是快哉之风？

相比苏辙浓烈的思乡之情，苏轼还认为，既然临皋亭下就是长江，长江其半是峨眉雪水，那么他每天饮食沐浴都是用的长江之水，这就相当于达乡了。此心安处是吾乡，至于乡愁，也可以随波而去了。

这一年的秋天,美丽的王朝云为苏轼生下一个聪颖可爱的男婴。

这是苏轼的第四个儿子,前三个分别是长子苏迈(王弗所生),二子苏迨(王闰之所生),三子苏过(王闰之所生)。

苏轼为这个孩子取名干儿,学名苏遁,遁,隐逸也。在《洗儿戏作》中,他写道:"人皆养子望聪明,我被聪明误一生。惟愿孩儿愚且鲁,无灾无难到公卿。"

是戏作,也是自嘲。毕竟很多时候,一个人内心的痛苦与矛盾,就隐藏在玩笑话里。他自己被聪明所误,才遭乌台之劫。他也不是真的希望孩子愚蠢笨拙,只是为朝堂上的不平之事,偶发感慨罢了。

当然更多的时候,他都是开心的。

他的《寒食帖》,写得心如死灰,笔画间依旧是君子之风,山高水长。

他觉得苦闷,喝醉了酒,躺在江边大声唱《满庭芳·蜗角虚名》:"蜗角虚名,蝇头微利,算来著甚干忙。事皆前定,谁弱又谁强。且趁闲身未老,尽放我、些子疏狂。百年里,浑教是醉，三万六千场。"

而苏遁的到来，让经历过牢狱之灾，跨越过生死之门，完成了灵魂的淬炼，习惯了黄州生活的他，愈发依恋绕膝之乐，以及家庭带来的朴素的温暖。

黄州的快哉之风，为他过滤了愁苦，也为他撕掉了身上的诸多标签，让他乐呵呵地安心在此做一个勤劳的农夫，一个馋嘴的美食家，一个慷慨的艺术大师，一个有情有义有趣有才的风月闲人。

如果非说有什么遗憾，那就是苏辙与他相隔两地，在那样的年代，实在太遥远了。

得知苏辙受到新来太守的刁难，苏轼曾写诗寄给苏辙，让他弃官来黄州，与他共耕东坡。在诗中，他说自己可以物我两忘，唯独不能忘记昔年在怀远驿的旧约。既然功名无望，还不如一起在雪堂风雨对床：

"百川日夜逝，物我相随去。惟有宿昔心，依然守故处。忆在怀远驿，闭门秋暑中。藜羹对书史，挥汗与子同……别离恐不免，功名定难期。当时已凄断，况此两衰老。失途既难追，学道恨不早。买田秋已议，筑室春当成。雪堂风雨夜，已作对床声。"

苏辙到底没有来黄州。

人皆可以为尧舜,但不是人皆可以为陶渊明。

苏辙的透彻,也是从入仕那一刻起,就洞穿了身不由己的宿命。

有些事情,做做梦就满足了。有些话,也只适合说给兄长和风听。

幸好,还有快哉之风,可以日行千里,互换思念。

在这快哉之风中,我们也可以看到,真正的勇士,如苏轼,如苏辙,如张偓佺,都是敢于直面命运的击打的。

那些宵小之徒,可以构陷他们,伤害他们,摧残他们,杀死他们,但就是不可以打败他们。

而当苏轼扛着锄头站在那块荒地上时,属于苏东坡的传奇便开始了。

相比死,在绝境中生存下来且活得不苟且、不哀怨,实在要困难得多。

相比苏轼,我们现在甚至更习惯称呼他为"苏东坡",就像称呼一个熟悉的朋友。但这个名字,并非平行空间中的苏轼,也非穿上另一个名字的衣裳,它从苏轼的生命中提炼而来,代表了士大夫的深度、广度、高度与纯度。

当苏轼成为苏东坡,也就意味着,在徐徐展开的下半卷人生中,他疏通了自我与外物的关系,重新定义了荣辱,为生命打开了一种新的可能。仿佛发掘出了命运的暗渠,行至尽头,前方若有光,从此,人生豁然开朗。

双壁

那个时候,我们都很老很老了,白发苍苍地坐在水边,对着袅袅的茶烟打盹儿,就像两只清瘦的老鹤。

元丰七年（公元 1084 年）春，当苏轼赶着老牛，望着东坡上起伏的麦浪露出满意的微笑时，千里之外的汴京，一匹快马也正朝黄州奔来。

"苏轼黜居思咎，阅岁滋深，人才实难，不忍终弃。"

宋神宗皇帝手诏到达的时候，苏轼正在他的雪堂边给新种的橘树施肥。

他是真的打算在黄州定居，终老江湖的。

前几日，去定惠院赏花的路上，他还顺手买了个木盆用来盛水浇瓜。途中拜访邻居的时候，他又跟人讨了几株橘子树，打算种在雪堂边，橙黄橘绿时，满眼都是盈盈喜气。

他到黄州五年了。五年来，宋神宗多次想要起复他，奈何总被有心人阻拦，才不得已使用手诏，先将其量移汝州，他日再召回京城。昔日有谣言说苏轼已在黄州去世，宋神宗几天都吃不下饭。

"君恩至厚,不可不奔赴。"苏轼知晓圣意后,接受了诏书,潸然泪下。

他把东坡的房屋和土地都托付给朋友照看,心心念念,无限伤感。启程离开黄州时,住在武昌的几个朋友涉江来送他,他作词相赠,直言自己已经把黄州当成了故园,此一去,定将满怀乡愁:"坐见黄州再闰,儿童尽楚语吴歌。山中友,鸡豚社酒,相劝老东坡。"

好在还有时间绕道去筠州看望苏辙。

进入江西地界,苏轼的心情好了起来,只觉得竹杖芒鞋轻胜马,十分轻快,看到夜间萤火虫在草丛间一闪一灭,心里也充满了温柔。

到奉新(宜春)时,他写信给苏辙:"吾已至奉新,旦夕可相见。"

而筠州城外二十里处,苏辙早已和几位僧人朋友在建山寺恭候多时,其中就有云庵和尚与有聪和尚。

这时发生了一件很有意思的事,被苏轼记录了下来。

在等待苏轼的过程中,云庵和尚无意间提及,自己不久前曾梦见与有聪、苏辙一起出城迎接五戒和尚,怎知苏辙和有聪也说自己做了同样的梦。三人同梦,巧合至此,皆觉十分惊奇。

苏轼到筠州后,苏辙与二僧跟他说起梦迎五戒和尚之事,他开心地笑起来:"先夫人刚怀孕时,曾梦见一位僧人前来托宿,那僧人风姿挺秀,一只眼睛失明。我八九岁时,也曾梦见自己前世是一位僧人,往来于陕右之间。"

云庵和尚大惊:"五戒和尚就是陕右人,一只眼睛失明。晚年游历高安(筠州),在大愚山过世。算一算,至今已有五十年了。"

苏轼这一年正好四十九岁。

从此,苏轼愈发相信自己佛缘深种,乃僧人转世,世间因果轮回,人生如寄。也愈发远功名,近佛道,心思清净,遵循善行,淡然无所芥蒂。在《十八大阿罗汉颂》中,他说自己家藏十六罗汉像,"每设茶供,则化为白乳,或凝为雪花、桃李、芍药",欣喜地认为是佛的指引。后来入朝,享受极致的荣耀,他的朝服之下却经常穿着僧衣。

苏轼到苏辙住处,侄儿苏迟、苏适、苏远马上典当衣物为大伯准备了酒菜和粽子。大家围坐在一起,内心充满久别重逢的欢喜,用四川话聊着见闻,让苏轼深受感动。

苏轼终于见到了东轩,还有苏辙在信中写到的修竹百竿和两株静默的杉树。

夏夜的东轩,苏辙坐在灯下与兄长闲聊近况,倾诉衷肠,眼神依旧湛亮而温润。苏辙在筠州虽生活艰辛,官职低微,但他"其轨范士民如父兄,变移风俗如师友",每天辛勤工作,为百姓服务,工作之余又努力著书,希望在功名之外,立言于世。一生中无论境况如何,两兄弟都从未辱没过苏门的家风和气节。

一钩新月无言地笼罩着东轩,月下草木幽深,绿意翻涌,一如兄弟间深厚的情义。

苏轼百感交集,怀疑眼前是梦中情景乍现。

苏辙公务繁忙,不能每天陪伴兄长。端午节那天,苏辙要去参加一个酒局,苏轼便在三个侄儿的陪同下去大愚山访真如寺。

苏辙有诗句:"东郊大愚山,自古檐卜林。"意思是大愚山在筠州的东南方,自古就是禅宗圣地。

真如寺与九峰山、宜丰洞山、黄蘗山、五峰山并称"五大道场",还是传说中五戒和尚圆寂的地方。五戒和尚本是有名的高僧,不想竟被情所羁绊,爱上了一位姑娘,最后导致犯戒坐化。

若世间真有轮回,倒也是一桩奇妙的佳话,苏轼此生功名利禄皆可视为浮云,却唯独难以逾越情义这座大山。

人生逾四十,朝日已过午。

一违少壮乐,日迫老病苦。

丹心变为灰,白发粲可数。

惟当理锄耰,教子蓻稷黍。

谁令触网罗,展转在荆楚。

平生手足亲,但作十日语。

朝游隔提携,夜卧困烝煮。

未歌棠棣诗,已治乌灵祖。

士生际风云,富贵若骑虎。

奈何贫贱中,所欲空龃龉。

——苏辙《次韵子瞻端午日与迟适远三子出游》

在筠州逗留十日，端午节后，苏轼作别苏辙，打算启程去九江与家人会合。

苏辙把不舍、无奈和对哥哥的担忧，都写在了诗中。

苏辙一再提醒苏轼，不要忘记昔日乌台之祸，以后定要学会"止语"，收敛性情，守护自己的平安。显然在筠州，苏辙发现苏轼还是不长记性，依旧"看天下无一不是好人""三杯吐然诺，五岳倒为轻"，逢人便倾肺腑，喜欢开玩笑。

黄州五年，他的哥哥除了更苍老了些，更达观了些，相比从前，几乎没有任何改变。苏辙只能摇头叹息。

苏辙与苏轼手足之情至诚至真，感天动地，却不能改变宦海的浮沉，时间的流逝。"士生际风云，富贵若骑虎"，这也是他们亲手选择的宿命。

"棠棣之华，鄂不韡韡。凡今之人，莫如兄弟。"

苏辙想起小时候和哥哥一起在南轩读书的情景，晨光熹微，南风习习吹过，《棠棣》之中的诗句清脆在耳，然而转瞬之间，他们就已白发苍苍，步入了人生的黄昏。

那种坐在黄昏里，孤独地等待黑夜一寸一寸降临自身的感觉,除了心向佛道,自以成灯,还能怎么办呢?

若能就此安心当个农夫,耕读传家,倒也罢了。

最让人感叹的就是,这一次分别后,又不知何日才能相见,不知对方日后在何处随风辗转,孤独飘零,不知今生还能与君共度几个端午。

知君念我欲别难,我今此别非他日。
风里杨花虽未定,雨中荷叶终不湿。
三年磨我费百书,一见何止得双璧。
愿君亦莫叹留滞,六十小劫风雨疾。

——苏轼《别子由三首兼别迟·其一》

苏轼在诗中劝慰苏辙:我知道你担心我,但这一次,与往日不同,命运可能像风中的杨花,没有着落,但我的心一定像高洁的荷叶,不会与"雨"同流。

苏轼还引北魏陆凯二子之典,将自己与苏辙比作"双璧",才华和品德并美。史册里说陆凯的儿子陆晖任伏波将军,陆恭之任征南将军、东荆州刺史,陆晖写章、表数十篇,陆恭之著文章诗赋千余篇,所历各任都有政绩,因此兄弟并获时人赞誉。洛阳令贾祯见到他们兄弟,不禁称叹:"不料我人到老年,还能目睹如此双璧。"

面对飞快的时间,苏轼想的却是,既是双璧,又何惧蹉跎?年逾四十,亦桑榆非晚。

佛祖拈花,一笑就是一个轮回,一个轮回也不过是红尘中的一场风雨,一朵花的开落。

先君昔爱洛城居,我今亦过嵩山麓。
水南卜宅吾岂敢,试向伊川买修竹。
又闻缑山好泉眼,傍市穿林泻冰玉。
遥想茅轩照水开,两翁相对清如鹄。

——苏轼《别子由三首兼别迟·其二》

昔日苏洵爱慕中原风气,想在河洛定居,一直未能如愿。如今苏轼即将回到洛水之滨,去看嵩山之麓,不禁想到了父亲。苏轼的性情里也确实遗传了苏洵对山水的热爱:"纵目视天下,爱此宇宙宽。山川看不厌,浩然遂忘还。"

苏轼又在诗中遥想日后与苏辙一起归田而居的日子,或许我们可以到伊川买一片竹林,作为我们的终老之地。听闻缑山有甘美清洌的泉水穿林而来,如珠如玉,我们就在泉水边建一个小茅屋吧,每天慢悠悠地读书,听泉,烹茶。那个时候,我们都很老很老了,白发苍苍地坐在水边,对着袅袅的茶烟打盹儿,就像两只清瘦的老鹤。

两翁归隐非难事,惟要传家好儿子。
忆昔汝翁如汝长,笔头一落三千字。
世人闻此皆大笑,慎勿生儿两翁似。
不知樗栎荐明堂,何似盐车压千里。

——苏轼《别子由三首兼别迟·其三》

在写给苏辙的第三首离别诗中,苏轼喜欢开玩笑的性子又上来了。他打趣子由,我们两个老头儿想要归隐并不是什么难事,难的是将家业传给儿子们。

为什么呢?他笔锋一转,对侄儿苏迟说道:"以后你要提及你的父亲和你的本事来,说可以妙笔生花,下笔如神,想必世人听到后都会大笑吧,心想生了儿子可千万不要像你的父亲、伯父一样。"那两个老头儿竟不知自己非栋梁之材,要不是在朝廷混不下去,怎么会被贬到这离京千里的筠州,当一个押送盐车的芝麻小官啊。

也不知道读了这首诗,苏辙是笑了,还是哭了。

苏轼到九江,又面临另一场分离。

长大成家的苏迈即将去饶州(上饶)德兴当县尉,苏轼便将自己心爱的砚台送给苏迈,一再叮嘱儿子为官切记心怀仁慈,爱护百姓。

苏轼本想拄着竹杖,静悄悄地去庐山寻幽,怎知一到山脚,便有人奔走相告:"苏东坡来了,苏东坡来了!"

他只好摘下帽子,对着热心的百姓呵呵一笑:"芒鞋青竹杖,自挂百钱游。可怪深山里,人人识故侯。"

离开庐山时,苏轼在西林寺写下一首诗,后来被很多人当作哲理引用:"横看成岭侧成峰,远近高低各不同。不识庐山真面目,只缘身在此山中。"

也总是让人联想到江西人王安石的一首诗。两首诗的创作时间相隔三十余年,却可以互为镜像,互为因果。不过王安石登的是浙江的飞来峰,那个时候,他只有三十来岁,正意气风发,心比天高:"飞来山上千寻塔,闻说鸡鸣见日升。不畏浮云遮望眼,自缘身在最高层。"

人生倏忽三十年。当经历过人生至暗时刻的苏轼,再次从江湖走入庙堂,在庐山发出如斯感叹时,六十四岁已经退出庙堂的王安石正隐居在半山园,终日骑着毛驴在钟山一带晃荡,看江水流逝,像极了曾经的壮心。

这一年的七月,二人就要在江边的驿站相遇了。

是苏轼主动写信给王安石的。

天气太热,苏轼带家人走的水路,竟一下病倒了好几个。待自己身体恢复后,他托人把几篇文章送到了王安石府上,王安石马上戴上斗笠,骑着毛驴来江边找他了。

苏轼听说王安石来了,没戴帽子就出来行礼:"轼今日敢以野服见大丞相!"

王安石爽朗一笑:"礼仪岂是为我辈所设?"

无边斜阳,萋萋渡口,两个千古风流人物,一笑泯恩仇。

在金陵的那段日子，曾经水火不容的政敌，变成了惺惺相惜的老友，王安石经常邀请苏轼去他的半山园青梅煮酒，一起讨论佛理和诗文。

苏轼离去后，王安石望其背影叹息道："不知更几百年，方有如此人物！"

王安石还邀请苏轼到金陵买房，和他做邻居。

苏轼婉拒了。

他在诗中写道："骑驴渺渺入荒陂，想见先生未病时。劝我试求三亩宅，从公已觉十年迟。"

语句间似有无尽怅憾。他无力在金陵买房，又还有很多事情要做，到底身不由己。如果是十年前，他会不会更勇敢一些？

他只是这样想，但这样想，本身已经足够让人怅憾了。

他自然不知道，其实是王安石没有时间了，他们分别的两年后，王安石就在金陵过世了。

而这首写给王安石的诗，也应是苏轼离开黄州后少有的凄凉之笔。这一年八月，他的小儿子苏遁因病夭折在船上，他眼泪都要哭干了，金陵顿成伤心之地。

突如其来的失子之痛，对苏轼的打击极大。当年王安石儿子的早逝，带走了王安石的斗志与壮心；苏遁的夭折，也让苏轼不得不重新思考仕途的意义。

刚好那时，他得知苏辙被调往安徽绩溪任县令，他突然就不想进京了。

他想起十年前在杭州做通判时，曾在宜兴买下过两亩薄田，便向朝廷寄去了一份《乞常州居住表》，希望申请到常州的居住权，如此也可以离苏辙近一点。

十月初二，苏轼在荆溪的小舟上，望着荡漾的碧波，心情开阔了不少。他为往后的生计做了一个细致的打算："吾性好种植，能手自接果木，尤好栽橘。阳羡在洞庭上，柑橘栽至易得，当买一小园，种橘三百本。屈原作《橘颂》，吾园落成，当作一亭，名之曰'楚颂'。"

但直到元丰八年（公元1085年）三月初，一直在江淮间漂泊的苏轼才盼来朝廷的诏令，同意他在常州安置。

梦想成真的感觉实在太好了。他忍不住写诗表达自己的欢喜："十年归梦寄西风，此去真为田舍翁。"

怎料紧接着，他就收到了宋神宗驾崩，十岁的太子继位为哲宗的消息。因新皇太小，朝廷暂由有着"女中尧舜"之称的宣仁太皇太后高氏摄政。

三月十七日，高太后急召司马光入朝，授其门下侍郎之位，又召吕公著为尚书左丞，全面起复旧臣，罢停新政。

很快，一道诏令到达常州，授苏轼山东登州太守之职。而当苏轼带着家人千里迢迢抵任登州后，朝廷再一次送来了诏书，让他尽快回汴京。

同时，苏辙也被司马光举荐，即将入朝担任校书郎。之前苏辙到绩溪，因水土不服，一家子都病倒了。苏辙肺疾复发，在床上躺了两个多月。在那段贫病交迫的日子里，他的妻子时常偷偷哭泣，苏辙也是情绪低落，觉得自己越发苍老了。

那份从京城来的调令，有没有让苏辙高兴一点呢？或许有吧。但更多的，应是岁不我与的感叹："奔走半生头欲白，今年始得校书郎。"

苏轼写信给苏辙，让苏辙先把身体养好，不要急着由宣城沿长江北上。如果有时间，可以绕道去杭州散散心，那里有他看过的湖山，有他结交的故友，还有他留下的诗句："不如道歙溪，过钱塘，一观老兄遗迹。"

事已至此，若非天意，当为命定，苏轼想。他在诗中把自己比喻成一匹疲惫的老马，站在汹涌的飞瀑前，接二连三的变化让他再次失去了安全感，对前路心怀忧畏。

可以确定的是，他知道自己的宜兴归田之梦，终成了镜花水月，而他与苏辙也只能在京城的天空下倾听夜雨了。

倾杯不能饮，留待卯君来

汴京纵有春风如酒，朋侪似金，一个人也只能拥抱一种命运。而写诗的人，原来早就预知了分离的结局，才小心翼翼地珍惜一次又一次的相聚。

公元1086年,朝廷改年号为"元祐",向宋仁宗的"嘉祐之治"致敬。

翻开史册,嘉祐年间"四海雍熙,八荒平静,士农乐业,文武忠良",可谓太平盛世。

大宋文坛同样群星闪耀。那个时候,欧阳修是当之无愧的文坛盟主,身边围绕着王安石、苏洵、苏轼、苏辙、曾巩这样的文学大师和后起之秀,每个人都光芒熠熠,各有棱角,"唐宋八大家",已占六家。

现在,苏轼回到了汴京,不仅在文坛上接替了欧阳修的位置,政治生涯也到达了最辉煌的时期。这一年九月,他在朝中担任的官职上升到了三品翰林学士知制诰,负责掌管内制,给皇帝起草圣旨和国书,相当于内相,即宰相的候选人。上任第一天,高太后就派人给他送来了一套紫金官服,一条金腰带,一副金镀银鞍辔和一匹白马。

我们可以从黄庭坚的诗中看到苏轼的风流:"金狨系马晓莺边,不比春江上水船。人语车声喧法曲,花光楼影倒晴天。人间化鹤三千岁,海上看羊十九年。还作遨头惊俗眼,风流文物属苏仙。"

黄庭坚把苏轼比作苏武和李白,世间少有的神仙人物。朝堂之外,苏轼的文名的确如日中天,他的诗词已经传到了邻国。当时有辽国的使者来给高太后祝寿,脱口便念出了苏轼的诗。

看起来,在南轩读书时的梦想已经照进了现实,但时年五十一岁的苏轼内心却没有多少喜悦。银鞍白马出入宫门的荣耀,或许对于他来说,还不及启封一坛自酿的美酒,看着亲手栽下的果树绽开第一朵花苞来得欢喜。他甚至多次向高太后请辞,要求外放为郡官。在京城的宫灯下,他总会莫名地想起黄州的月亮,想起孤清的雪堂,不知门前那几株小橘树又长高了几许?

披垣初盖斧斤响,栋宇犹闻松桂香。
江海暂来俱野客,云霄并直愧花堂。
月明似与人烟远,风细微闻禁漏长。

谏草未成眠未稳,始知天上极清凉。

射策当年偶一时,对休夜雨失前期。
庐间还往无多地,梦里追寻亦自疑。
螭墨屡干朝已久,囊封希上出犹迟。
茅檐半破松筠老,归念萧然欲语谁。

——苏辙《后省初成直宿呈子瞻二首》

　　苏辙也被迅速提拔。这一年二月,苏辙回朝即由校书郎改右司谏,九月再升任起居郎,十一月又升任中书舍人、户部侍郎。

　　这首诗中的后省,便是中书省。苏辙做了二十年的地方官,积累了丰富的基层工作经验,深谙民生疾苦,作为新任谏官,他站在老百姓的角度写了很多奏章,请求朝廷放民间积欠,还京西所占民田,赈济淮南饥民等。

　　那个不惧权贵、一心为民分忧的苏辙又出现在了朝堂之上。后在户部侍郎任上,他同样"精练吏事,通知民情""上副忧勤,下宽疲瘵",提出各种解决国家财政困难的措施,将自己练达老成的政治才能发挥了出来。

在惩治奸邪方面,苏辙也是绝不留情。对于曾落井下石陷害王安石的吕惠卿和不服母丧、构陷苏轼的李定,苏辙一再弹劾,才将对方一贬再贬。

目光如炬的高太后也由此看出,苏辙的性格比苏轼更适合当宰相。

彼时,在皇城的明月下,在中书省的春风中,苏辙想到的是什么?

他担心自己只是一个江湖野客,远离朝堂多年,会辜负高太后的恩宠,从而引来旁人的非议。

二十多年前,他和哥哥第一次见到宋仁宗,被宋仁宗的气度所打动,制举考试后,他直言进谏,冒犯天威,宋仁宗没有降罪于他。宋仁宗的那一句"今日为子孙得了两个太平宰相",对于一个初出茅庐的少年来说,又何尝不是一个以身许国的约定,一份不负期许的承诺?

"谏草未成眠未稳",到底是壮心未灭。

是以,即便两鬓如霜,一旦身在其职,他就会鞠躬尽瘁,一诺千金。他希望高太后看到,宋仁宗当年并没有看错人。

他也忧心,"夜雨对床"之约,自此遥遥无期,终成一场春梦。"茅檐半破松筠老,归念萧然欲语谁",他是否辜负了子瞻?

身处雕阑玉砌的皇城,少年时曾仰望的一切都近在眼前,不知为何,他又为这迟来的荣耀而恍惚不已,只觉明月清冷,高处不胜寒。

宫中漏刻发出的声响,像极了夜雨落在石阶上,充满了往事的气息。

而他沉沉的心事,除了子瞻,还有谁可以诉说呢?

苏轼自然懂得苏辙的心事。

苏辙收到升任中书舍人的诏令时,可谓诚惶诚恐。并非他没有胜任的信心,而是中书舍人掌外制,翰林学士掌内制,他们兄弟若对掌内外制,恐锋芒过盛,引人猜忌。

他马上向高太后请辞,上疏《辞召试中书舍人状》:"顾臣才力短拙,重以衰残,曾未逾年,致身华近,必贻公议,难以自安……内外两制,素号要途,兄轼顷已擢在禁林,臣今安敢复据西掖?非独畏避讥评,实亦恐惧盈满。"

就像后来苏轼屡次请辞,除了不想被卷入汴京的政治风浪,也是为了保护苏辙的仕途。

不过,他们的辞呈,高太后并未批准。他们只好就任,从此在朝中分掌内外制。

翌年七月,苏家兄弟又成了"帝王之师",即迩英阁的经筵官,负责为年少的宋哲宗讲授经史与治国之术。这是身为学者所能获得的最高礼遇,他们都欣然接受了。

巧合的是,他们还在元祐三年(公元1088年)五月初一一起转对。所谓转对,就是为防皇帝专断,臣僚每隔数日就要轮流上殿,指陈时政得失,并回答皇帝提出的问题,故又称轮对。宋朝转对每次限定两人,两位官员同一天转对的概率极小。

苏辙有诗《五月一日同子瞻转对》记录:"羸病不堪金束腰,永怀江海旧渔樵。对床贪听连宵雨,奏事惊同朔旦朝。"

这一年苏轼大病了一场,身体消瘦了不少,人也苍老了许多。

"能来同宿否,听雨对床眠。"那段时间,苏辙每天下班后,都去陪伴兄长,两个人对床而眠,聆听夜雨。在静谧的夜色中，他们就像是两条鱼，一起穿过时间的河流，又回到了多年前初到汴京，一起备考的日子。雨点不断落在青瓦上，仿佛落在他们的旧梦里。

实际上，他们只是宦海中的两叶漂泊的小舟，永远怀念着渔樵耕读的生活。

但令他们没有想到的是，"对床贪听连宵雨"已如此珍贵，彼此竟还能一起转对，享受双璧同朝的美好。

那一刻，他们眼中的惊喜，应如雨水满溢。

微霰疏疏点玉堂，词头夜下揽衣忙。
分光御烛星辰烂，拜赐宫壶雨露香。
醉眼有花书字大，老人无睡漏声长。
何时却逐桑榆暖，社酒寒灯乐未央。
——苏轼《卧病逾月，请郡不许，复直玉堂。十一月一日，
　　锁院，是日苦寒，诏赐官烛、法酒，书呈同院》

如诗中所写，苏轼卧病一个多月，请求外任依旧没能获得准许，于是又回到了翰林院当值。

十一月的汴京,已经飘起了薄雪,夜间更是寒气逼人。苏轼坐在翰林院中,看着眼前御赐的美酒和官烛,不由得又叹息了一声。

卧病前,他再次被小人攻击,说他文章中的句子有诽谤先帝的意思,自入京以来,已是第四次了。

司马光回朝后,提议废黜新法"免役法",恢复旧法"差役法",苏轼却认为新法不可不废,也不可尽废,最好能站在百姓的角度取其精华,弃其糟粕。

半年后,司马光过世。苏轼因与司马光生前政见相左,而被拥护司马光的刘挚为首的"朔党"排斥在外。在司马光葬礼上,苏轼又因礼仪上的争执,得罪了开创洛学的程颐,程颐怒火中烧,当场拂袖而去,程颐的弟子们更是声称与苏轼势不两立。

洛蜀朔党争由此拉开序幕。三党也渐渐背离了最初的政见之争,迅速发酵成彼此挟私报复的朋党之争,且愈演愈烈。

"君子矜而不争,群而不党。"苏轼却被迫戴上了蜀党领袖的帽子,陷入党争的旋涡,连他的门人和朋友也相继被弹劾,实在无可奈何。

苏轼也知道自己不适合待在京城。他管不住自己的嘴巴，喜欢逞口舌之快。譬如把昏庸无能的人比作酒囊饭袋，将趋炎附势的人比作蛆蝇，视谄媚的小人为"吮痈舐痔之辈"。"不言意不快，快意言多忤"，所以经常引火烧身。

当他的朋友钱勰被弹劾外放越州时，苏轼写诗让对方千万别再回到京城来，笔底尽是钦羡之意："若耶溪水云门寺，贺监荷花空自开。我恨今犹在泥滓，劝君莫棹酒船回。"

病中，苏轼又写了一封辞职信给高太后。

高太后非常信任苏轼的人品，真心想留他在身边，便特意召见："近来你总是辞职，可否将原因从实道来？"

苏轼说："臣的身体不好，恐怕要辜负您的美意了。"

高太后不置可否，又问他："内翰，前年你任的是什么官职？"

苏轼如实回答："汝州团练副史。"

"那么如今你任的是什么官职？"

"备员翰林，充学士。"

"你知道自己升迁的原因吗？"

"是太皇太后您的恩典。"

"跟老身没有关系。"

"那便是陛下的赏识。"

"跟陛下没有关系。"

"那是哪位大臣的推荐吗?"苏轼想到了故去的司马光。

"跟大臣也没有关系。"

"望太皇太后明察,臣虽不肖,但也不会走歪路,寻思苟进之事。"苏轼沉默半晌,慎重地回答。

"老身应该早一点告诉你的,"高太后叹息一声,缓缓说道,"这一切都是先帝的遗愿。先帝如果在用膳时忘记了夹菜,那么一定是在读你的文章。这在宫中不是秘密,有时他还会拍案叫绝,说你是旷世奇才。然而不幸的是,他还没来得及重用你,就仙逝了。"

高太后说完,便看到了苏轼满眼的泪水。

随后,高太后给苏轼赐坐赐茶:"内翰,老身还是希望你能尽心辅佐陛下,就当报答先帝的知遇之恩。"

苏轼含泪告退。

高太后又赐给苏轼一座御前的金莲花烛台和一壶御酒,表示对苏轼的看重,同时,也以此对话堵住悠悠众口。

苏轼还是无比想念黄州。

或者说，想念远离京城的自由生活。这一夜，他饮了御酒，醉眼蒙眬，却一点睡意都没有。

"何时却逐桑榆暖，社酒寒灯乐未央"，御酒虽美味，但那一刻，他却无比想念黄州的蜜酒。他自己酿的酒，经常喝得拉肚子，却依旧令人魂牵梦萦。雪堂的夜也很冷，但站在星辰之下，他就拥有了天地之间的自在。

而宫中，漏刻如催，他草拟诏书的手，微微地抖了一下。

他感觉自己愈发衰老了。

绮席才终。欢意犹浓。酒阑时、高兴无穷。共夸君赐，初拆臣封。看分香饼，黄金缕，密云龙。

斗赢一水，功敌千钟。觉凉生、两腋清风。暂留红袖，少却纱笼。放笙歌散，庭馆静，略从容。

——苏轼《行香子·茶词》

这首词，苏轼是写"密云龙"茶，也是写他公务之余的休闲生活，写人世间的深情厚谊。

宋朝上至皇室，下至贫民，皆尚饮茶之风。茶叶通常制作成茶饼，又称香饼。"密云龙"茶，"采择之精，制作之工，品第之胜，烹点之妙，莫不盛造其极"，故产量极小。待制作成茶饼后，则以黄金缕之，云纹细密，有龙之气象，乃宫廷贡品中的极品，平时只供帝王饮用与宗庙祭祀，普通人是毕生难得一见。相传宋仁宗曾在南郊祭天时赐给中书省和枢密院各一饼，两府四人，视其为珍宝，皆不敢自试，每有嘉客，方才拿出来像欣赏艺术品一般，品玩赞叹。

欧阳修《归田录》有记载："茶之品，莫贵于龙凤，谓之团茶，凡八饼重一斤。庆历中蔡君谟为福建路转运使，始造小片龙茶以进。其品绝精，谓之小团，凡二十饼重一斤，其价直金二两。然金可有，而茶不可得，每因南郊致斋，中书、枢密院各赐一饼，四人分之。宫人往往缕金花于其上，盖其贵重如此。"据《宣和北苑贡茶录》记载："自小团出，而龙凤遂为次矣。元丰间，有旨造密云龙，其品又加于小团之上。"

既稀缺至此，苏轼写"共夸君赐，初拆臣封，看分香饼"，便不足为奇了。而高太后厚爱苏轼，也可见一斑。

这一日，一场酒宴过后，苏轼想起家中的"密云龙"，便

悄悄邀请几个人来到家中，开启属于他们的"密云龙时间"。

如此美物，自然要与精神契合的人一起分享。酒席上那些汲汲于功名利禄之人，又如何真正懂得"密云龙"的清幽和美妙？

据晁补之的侄儿回忆，当时苏门四学士（黄庭坚、秦观、晁补之、张耒）都在汴京，每次他们到来，苏轼都会让王朝云取出"密云龙"招待。

苏轼性格慷慨，常竭力提携后辈，却也因为个性诙谐天真，喜欢打趣人。

他说黄庭坚的字像树梢挂蛇，黄庭坚就"反击"说他的字是石压蛤蟆。戏谑之言，竟也无比贴切；秦观是个美髯公，有次捋着胡子说："君子多乎（胡）哉。"苏轼听到了，就忍不住"拆台"："小人樊（繁）须也。"另有朋友刘攽晚年眉毛脱落，鼻梁塌陷，他就改了刘邦的诗句来调笑人家："大风起兮眉飞扬，安得猛士兮守鼻梁。"

当然有朋友或门生需要帮助时，他都会慷慨解囊。有次去送门生李廌回老家，走着走着，就把皇帝御赐的宝马送给了对方。

李之仪说他是"东坡仙人,岷峨异禀",黄庭坚晚年把他的画像挂在家中,视他为坡仙。了解他的人都知道他天真烂漫,对他的感情倒也愈发深厚。

"放笙歌散,庭馆静,略从容",品"密云龙",宜三分鸿鹄之志,七分白鹤之心。

煎茶的过程也是一种享受。茶饼的香气慢慢在屋子里发散,听煎茶的声音犹置身松下。每次喝完,直觉喉舌清凉,两腋风生,大家相视间,情意亦如回甘。

那是苏轼汴京生活中特别满足的时刻,仿佛又回到了杭州山寺,一碗茶,一榻清风,可抵千金富贵。

那个时候,苏轼住在城西,离皇宫很近。黄庭坚曾在一个春天的雨后骑马去拜访老师,一路沿着绿色的垂柳,花香打湿了马鞍与衣袖。

苏辙住在哪里?

诗文中并无具体记录。不过可以推测,兄弟俩居住的宅院应该相隔不远,苏轼下班后经常去苏辙家喝酒,若他自己有时间,就会在家中温一壶酒,静静地等苏辙到来。

急景归来早,浓阴晚不开。

倾杯不能饮,待得卯君来。

——苏轼《出局偶书》

元祐三年(公元1088年)的一个冬日,天色晦暗,风雪欲来。

"然不若同归林下,夜雨对床,乃为乐耳。"苏轼在家中等待户部晚归的苏辙,心情竟有些急切。

这首诗亦如一封短笺,字字句句,都流露着亲密无间的情意。

苏辙生于己卯兔年二月(卯月)——卯君,正是苏辙的小名。

汴京果然下了一场大雪。

十二月初七那天是宋哲宗的生日,兄弟俩得以早早退朝,便相约一起去王巩家小聚。

他们沿着宫墙,一边喝酒,一边说话,马蹄踏在雪地上,发出轻微的脆响,仿佛是走在琉璃世界里。

"天风淅淅飞玉沙,诏恩归沐休早衙。遥知清虚堂里雪,正似薝葡林中花。出门自笑无所诣,呼酒持劝惟君家。踏冰凌兢战疲马,扣门剥啄惊寒鸦。"

到王巩家的时候,马已经有些疲乏了,鼻孔里呼出一大团白雾。

苏辙下马敲门,"嘭嘭嘭",几只寒鸦应声飞进了后院。兄弟俩相视而笑,等待开门的那刻,两个人的心都静到了极处。

有时候,他们从"职事如麻"的公务中走出来,也会去参加驸马王诜的西园雅集,烹茶品茗,享人间乐事,以慰平生。

王诜还特意邀请李公麟将当时的良辰美景、赏心乐事画成《西园雅集图》,又请米芾写《西园雅集图记》,以流传千古。

千年之后,画上人物依旧栩栩如生,历历可数。王诜为主人,苏轼、苏辙、李公麟、黄庭坚、秦观、米芾、蔡肇、李之仪、郑靖老、张耒、王钦臣、刘泾、晁补之、僧人圆通和道士陈碧虚为宾客,大家写字,画画,谈诗,论道,侍女与书童则在一旁研墨、烹茶,一如米芾所写:"水石潺湲,风竹相吞,炉烟方袅,草木自馨;人间清旷之乐,不过于此……雄豪绝俗之资,高僧羽流之杰,卓然高致,名动四夷。"

即便是如此盛会，苏轼心里还是会牵挂着他的东坡和雪堂："为向东坡传语，人在玉堂深处。别后有谁来，雪压小桥无路。归去，归去，江上一犁春雨。"

于是当元祐四年（公元1089年）的春雨打湿汴京杨柳的时候，苏轼又一次向高太后请辞，希望离开汴京。

高太后终于批准了。三月十一日，苏轼以龙图阁学士的身份出任杭州太守，同时管辖浙西七州郡的兵马。

"倾杯不能饮，待得卯君来"，如此再读这一诗句，竟读出无尽的伤感。

伤感的时候，自然不宜品"密云龙"。

汴京纵有春风如酒，朋俦似金，一个人也只能拥抱一种命运。而写诗的人，原来早就预知了分离的结局，才小心翼翼地珍惜一次又一次的相聚。

人生如逆旅

但人生一旦有了深情,就有了羁绊,有了念想,有了痛苦,有了恐惧,有了「一往三十年,此怀未始忘」的「我执」。

"还来一醉西湖雨,不见跳珠十五年。"

元祐四年(公元1089年)七月,苏轼又回到了杭州。

如果说眉山是苏轼血浓于水的生养之地,黄州是让他灵魂浴火重生的地方,那么杭州就是他精神的后花园。

昔日他在湖州被捕,当地百姓无不为他落泪。当他在乌台的深井中受尽凌辱时,浙西人民自发为他做"解厄道场",祈求他平安度过劫难。后来去黄州,杭州的朋友们又经常给他捎去当地的特产,如荔枝、螺酱和茶叶。

他是重情的人,杭州虽不是他的故乡,却给了他一个异乡人雪中送炭的温暖,那里的风土人情也一度令他念念不忘。他爱杭州。在狱中以为自己要被杀头时,他还在诗里托付苏辙,如果回不了故乡,就让他埋骨杭州,魂归西湖。

这次到杭州后,他在给高太后的谢表中称:"江山故国,所至如归。"

那是一种宾至如归的松弛和快乐。杭州离朝堂远，离江湖近。相比朝堂上的明枪暗箭，尔虞我诈，他显然更适合在杭州的湖山之间做个逍遥太守，清风明月，白首忘机。

不过这年杭州天灾不断，导致百姓颗粒无收，城中米价暴涨，苏轼甫一抵任就劳心劳力，为民解忧，连老朋友们都没有时间见。

他要做的第一件大事就是囤积粮食，平抑米价。

他先是火速上表朝廷，力排万难请求缓交上供的粮食，同时申请拨款赈灾，然后到处争取余粮，再令人前往外地收购，甚至将准备修建官舍的钱也投了进去。赈灾的粮食和款项终于拨下，他又要一层一层疏通关系，确保最后能如数到达老百姓手中。

八月，浙西一带暴雨连绵，西湖洪水泛滥，他彻夜难眠。很多天，都有人看见他在湖边徘徊，葛巾布衣，竹杖芒鞋，头上绑着最廉价的麻绳，对着远方怅然而叹："呜呼！谁能稍助我者乎？"

黄华已向初旬见，白酒相携九日尝。
荚少一枝心自觉，春同斗粟味终长。

兰生庭下香时起，玉在人前坐亦凉。

千里使胡须百日，暂将中子治书囊。

——苏辙《将使契丹，九日对酒怀子瞻兄并示坐中》

而在汴京，苏轼离朝后，高太后很快让苏辙接替了他的职务。

苏辙再次辞让，谦虚地请求高太后收回成命，说自己的才华远不及兄长，且两年来，他们兄弟已经遍经两制，担心旁人误会太后有所偏私。

苏辙在《辞翰林学士札子》中写："臣兄轼旧以文学见称流辈，犹复畏避，不敢久居，得请江湖，如释重负。在臣微陋，实为叨窃。兄出弟处，或谓朝廷私臣一家，地近职严，姑愿朝廷历选多士。虽或未欲置臣于外，犹愿特许假臣以闲地。"

但高太后主意已定，她就是要重用苏辙。这一年八月，高太后又任命苏辙为贺辽国生辰国信使，于九月启程出使契丹，并特别恩准其长子苏迟侍行。

重阳那天，苏辙参加了一个酒宴。席上有歌姬唱王维的"遥知兄弟登高处，遍插茱萸少一人"，苏辙一下泫然欲泣。他们兄弟入仕之后便聚少离多，如今他即将远行异国，千里之外，云海相隔,与哥哥越来越远,内心不禁涌起一阵孤独和悲凉。

云海相望寄此身,那因远适更沾巾。
不辞驿骑凌风雪,要使天骄识凤麟。
沙漠回看清禁月,湖山应梦武林春。
单于若问君家世,莫道中朝第一人。

——苏轼《送子由使契丹》

收到苏辙的信后,苏轼本想安慰苏辙,说兄弟二人寄身于天地之间,即便云海相望,也能感受到彼此的心意。但他想起辽国曾经扣押过宋朝的使臣,不免有些担心。而且苏辙要穿越风雪,不辞辛劳地前往极寒的异域,对身体也是一个极大的考验。他忍不住伤心了起来,眼泪打湿了衣巾。

他接着又对苏辙晓以家国大义,勉励苏辙说,到了契丹,你一定要不辱使命,让对方见识到我们国家的杰出人才的仁德风范。

最后是温柔的抚慰和殷殷的叮嘱,对苏辙的爱怜之意尽在纸笔。当你到达沙漠的时候,回首就能看到汴京的月亮,不管相隔多远,我们都在同一轮月亮下。等到了梦中,你还叫以梦

到武林（杭州）的湖山与春光。

不过，若辽国国主问起你的家世，切勿轻言朝中第一等人物出自苏家门庭。

苏轼知道，有时候，声名太高，未必是一件好事，然而早在数年前，"三苏"父子的诗文就传到了辽国。

果然苏辙一过边境，就有胡人问起苏轼来，对方还能熟练地吟诵苏轼在黄州写的诗文。苏辙写诗告诉哥哥："谁将家集过幽都，逢见胡人问大苏。"有意思的是，有人向苏辙乞求养生秘方，想来是读过那篇《服茯苓赋》无疑了。

苏辙到契丹后，辽国国主处处以礼相待，声称自己年过六十，唯愿依托中原，久安和好。苏辙推测"北朝皇帝若且无恙，北边可保无事"，但大宋若想收复燕云十六州，必须等到时机成熟，在此之前，对契丹也应该以诚相待。

另外，既然辽国上下都热爱中原文化，"三苏"诗文流传甚广，那么想来一些臣僚章疏、士子策论也流传了过去，且多涉及朝廷得失、军国利害，他回朝后马上建议朝廷，此后要加强管制，杜绝泄露本朝机密。

冰天雪地中，苏辙第一次见到了游牧民族的毡房，但他不是很习惯当地的饮食。一天，他突然特别想念家乡的美食，就给苏轼写信。字句落在纸上的时候，他的身份仿佛又回到了卯君和阿同。原来心底最深处的思念，总是容易被舌尖感知。

苏辙在契丹住了十日，当他再回到汴京的时候，已经是元祐五年（公元1090年）的春天，宫城的柳树早已如烟如雾了。

那个春天，苏轼则在忙着济世救民。

灾荒之后，通常就是瘟疫。当时浙西一带的很多百姓都染上了传染病，上吐下泻，极为痛苦。苏轼见状，赶紧拿出了"圣散子"——那是他在黄州谪居时，通过软磨硬泡从老乡巢谷那里得来的一剂妙方，由二十味中药构成。

只是昔日传方时，巢谷曾让苏轼指江水为誓，不可外传他人。巢谷还告诉他"连饮数剂，即汗出气通，饮食稍进，神守完复""空腹一服，则饮食倍常，百疾不生"。

但苏轼相信救人一命，胜造七级浮屠，老天爷和巢谷都会理解他的。于是他心安理得地把方子公之于世，号令民众在各个街口架起大锅，专门用来熬制汤药，无论是城中的男女老幼，还是过往的商客旅人，都可以排队领药。

当治病的工作告一段落后，苏轼又开始为穷人们考虑日后治病的长久之计。他从公款里拨出了一笔钱，再加上自己的积蓄,在杭州建立了第一家"公立医院"——安乐坊。

而之前他已经调集军队,以风雷之势,在洪水过后疏浚了河道。

四月底,他马不停蹄地开始实施治理西湖的计划,同时疏浚六井。整个夏天,他都奔走于泥淖之间,与民工同吃同住。

一直到秋天,美丽的西湖重获新生,饮水问题彻底解决,他才得出闲暇一个一个地去见老朋友们,然后访山问茶,泛舟赋诗。

有一首《好事近·湖上》记录了他的休闲时光,以及与烟波共老的心事:"湖上雨晴时,秋水半篙初没。朱槛俯窥寒鉴,照衰颜华发。醉中吹堕白纶巾,溪风漾流月。独棹小舟归去,任烟波飘兀。"

那一天,他在湖面上照见了自己的白发,仿佛看见了稍纵即逝的时间。

他老了。夜间的溪风把月光吹得越来越透亮,也把人心吹得格外透彻。人生如大梦一场,本不必苛求太多。他曾经写下"小舟从此逝,江海寄余生",独棹小舟归去的时候,想着如果可以把余生寄托在西湖之上,也算是上天的厚待了。

一别都门三改火,天涯踏尽红尘。依然一笑作春温。无波真古井,有节是秋筠。

惆怅孤帆连夜发,送行淡月微云。尊前不用翠眉颦。人生如逆旅,我亦是行人。

——苏轼《临江仙·送钱穆父》

元祐六年(公元1091年)春,苏轼写下这首饯别词,送钱勰,也送自己。

钱勰要从越州去河北上任,路过杭州来看苏轼,而苏轼当时也收到了高太后让他回京续职的诏书。

这一夜,他们开怀痛饮,感叹世事无常,岁月忽已暮,昔日的白衣少年,转瞬便是华发苍颜。好在自汴京一别,他们虽三年未见,久别重逢,依然保持着春风般的友谊。

清淡的月光下,他们大声吟诵李白的《拟古》诗:"生者为过客,死者为归人。天地一逆旅,同悲万古尘。"

一杯复一杯,敬天地,敬红尘,也敬从未改变的气节与襟怀。

李白已然骑鲸而去,但诗魂却可以夜夜踏月而来。

"人生如逆旅,我亦是行人",万古可一悲,万古亦可一笑。

苏轼自然不想去汴京。

他上奏高太后,希望辞免翰林学士。这时的苏辙已官至尚书右丞,相当于副宰相,苏轼认为"兄居禁林,弟为执政。在公朝既合回避,于私门实惧满盈"。到了半路,他又得知自己还未进京,苏辙就被台谏攻击,便再次上表请辞:"岂敢以衰病之余,复犯其锋。"

苏轼的确身体不好,但最大的原因,还是朝堂党争太过险恶,到处都是刀光剑影,暗箭陷阱。

此时的朝堂,坐在相位上的人,已经换成了吕大防与刘挚。吕大防无害人之心,生性懦弱,刘挚乃朔党之首,心狠手辣,视苏轼为眼中钉。自程颐离京后,以贾易为首的洛党门人也都依附于刘挚一派,朔党更是树大根深。

而这正是高太后召苏轼回朝的原因。高太后一再擢升苏辙,召唤苏轼回朝,都是为了帮助吕大防制约独揽大权的刘挚。

苏轼一回京,朔洛两党就对他进行了轮番攻击,弹劾他虚报浙西灾情;污蔑他筑西湖大堤,只为自己游玩之乐;说他撰写的诏令里面有讽刺先帝的典故。就连苏辙也被牵涉其中，贾易弹劾苏辙之前出使外邦时泄露了国家机密，罪不可赦："尚书右丞苏辙，厚貌深情，险于山川；诐言珍行，甚于蛇豕。"

苏轼感到了深深的厌倦。

两个月后，对方竟想效仿李定，再次制造"乌台诗案"。

宋神宗驾崩时，苏轼曾写过三首诗。现在，贾易将"山寺归来闻好语，野花啼鸟亦欣然"一句挑了出来，弹劾苏轼"闻讳而喜"，对先帝大不敬，彼时正逢宋神宗驾崩，按照律法，那可是杀头的大罪。

苏轼懒得自辩。

但苏辙还是去找了高太后澄清："臣问兄轼，云：'实有此诗，然自有因依。'乙丑年三月六日（元丰八年）在南京闻裕陵遗制，成服后，蒙恩许居常州。既南去，至扬州。五月一日在竹西寺门外道傍，见十数父老说话，内一人合掌加额曰：'闻道好个少年官家。'臣兄见有此言，心中实喜，又无可语者，遂作二韵诗记之于寺壁，如此而已……伏望圣慈体察。"

苏辙奏完便退下了，他相信太后应该能明辨小人拙劣的指控。同时，他也随兄连上数札乞求外任，但全都未获准许。

这一年八月，朝廷的判决下来了——苏轼以龙图阁学士知颍州。

太后御赐了一条金腰带给苏轼。苏轼感动不已,他知道,在那样的环境中,太后将他外放,对他也是一种保全。

床头枕驰道,双阙夜未央。
车毂鸣枕中,客梦安得长。
新秋入梧叶,风雨惊洞房。
独行残月影,怅焉感初凉。
筮仕记怀远,谪居念黄冈。
一往三十年,此怀未始忘。
扣门呼阿同,安寝已太康。
青山映华发,归计三月粮。
我欲自汝阴,径上潼江章。
想见冰盘中,石蜜与柿霜。
怜子遇明主,忧患已再尝。
报国何时毕,我心久已降。

——苏轼《感旧诗》

汴京的初秋,风里已经有明显的凉意了。

这一夜，苏轼坐在苏辙的东府里，听风声，雨声，梧桐叶的簌簌之声，街道上的车轮声，马蹄声，时间的流动之声，一切都是那么落寞而寂寥，只觉得忧来无方，岁月如驰。

他走出房间，一轮残月挂在树梢，天空清冷、幽深、广袤。踏着月光的影子向苏辙的房间走去，他感觉浑身都被凉意和虚无包裹着，一时怅然不已。他本不屑伤春悲秋，但不知为何，那夜的风吹草动都在挑动他敏感的神经，让他一步一步走进往事的河流。

他想起了怀远驿，想起了兄弟俩的风雨对床之约。

"人生如逆旅，我亦是行人"，但人生一旦有了深情，就有了羁绊，有了念想，有了痛苦，有了恐惧，有了"一往三十年，此怀未始忘"的"我执"。

他又想起了在黄州谪居的日子。

那个时候，他的心倒是特别静。如很多个雪堂秋夜，身边唯有孤灯相伴，他在案前给苏辙写信，一地残月，满目雪意，写"莫忘风雨对床"，写"切记万千珍重"。

嗜甜如命的他，还常怀念家乡的岩蜜与柿子，此去颍州，何以慰老怀？

或许可以期望早日溯江回乡。但实际上，三十年来，在命运的洪流里,他和苏辙都只是一叶随波逐流的小舟,不知道下一次会去哪一座城市,用哪一种身份。

留在汴京的苏辙,也将独自承担朝堂的风雨,幸好还有高太后照拂,可以一展多年未施展的抱负,并挑起苏家门庭的报国之重任。

据史册记载,翌年四月,朝廷令苏辙代理太尉、充任册皇后告期使;六月,苏辙升任太中大夫、守门下侍郎;十一月,朝廷因郊祀天地而特加苏辙为护军,晋爵开国伯,实封食邑二百户。

这首诗写于苏轼离开汴京,去颍州之前。

其中有一个小细节特别让人感动,也足以看出苏轼对苏辙的爱之深沉。他叩门喊着苏辙的小名"阿同",但苏辙已经睡着了,他便不忍再打扰,于是站在苏辙的门外,怀抱一个人的落寞,久久徘徊,风露中宵。

此诗还有一段引言:

"嘉祐中,予与子由同举制策,寓居怀远驿,时年二十六,而子由二十三耳。一日,秋风起,雨作,中夜翛然,始有感慨离合之意。自尔宦游四方,不相见者十尝七八。每夏秋之交,风雨作,木落草衰,辄凄然有此感,盖三十年矣。元丰中谪居黄冈,而子由亦贬筠州,尝作诗以记其事。元祐六年,予自杭州召还,寓居子由东府,数月复出领汝阴,时予年五十六矣,乃作诗留别子由而去。"

用现代的话说,苏轼性情虽旷达豪放,但其实也是一名"高敏感者"。月圆月缺,风起雨作,木落草衰,不过是最平常的自然现象而已,但在高敏感者看来,月亮的盈缺,风雨的缓急,草木的枯荣,都联结着他身体里不同的情感链条。

这是一种与生俱来的特质,他们因此而受益,笔下常诞生出伟大的诗篇,也因此而受苦,无法摆脱易感易伤、"文章憎命达"的宿命。

不系之舟

而无论在朝在野,他和苏辙都不曾违背过洁身重义、忠君爱国的浩然本心。那么天地之间,便也没有什么可以束缚他们自由而强大的灵魂。

在苏轼心里，颍州虽小，不及杭州繁华，却也有着别样的风情与美丽。

颍州是欧阳修归老的地方。多年前，他和苏辙曾去拜访恩师，一起泛舟西湖，留下了许多美好的记忆。欧阳修的家人一直住在那里。他的儿子苏迨娶了欧阳修的孙女后，两家的关系更是融洽无间。而且，他的朋友陈师道和赵令畤也在那里做官，让他倍感亲切。

"得颍藏拙，余年之幸也，自是刳心钳口矣。"未到颍州前，苏轼郑重地提醒自己。但一到颍州，他心情大好，此约束也就抛至九霄云外了。

颍州下辖四个县，相对来说公务比较清闲。

苏轼到任后，首先就是拯救颍州水患。当时陈州发生洪灾，陈州知州向朝廷提议开凿八丈沟，将陈州之水引入颍河，再由颍河排入淮河。苏轼通晓水文地理，经过实地勘察，发现八丈沟一旦挖成投入使用，当大汛来临，颍河必遭逆灌，颍州也将替代陈州遭受无妄之灾，实乃劳民伤财之策！他赶紧上疏朝廷，列出实据，直指弊端，请求停挖八丈沟，也让十八万百姓免除了劳役。

腊月时，苏轼看到很多附近州郡的灾民在雪中前行，以草根、树皮充饥，便请求朝廷赈灾淮浙，停掉柴薪和稻谷的赋税。

公务之余，他写诗会友，生活不亦快哉。

他想起在汴京时，听苏辙说起契丹人住的毡房，灵机一动发明了"布幄"，用木架做支撑，布料来遮阳，一顶可随处移动的小帐篷就诞生了。

秋冬季节，带着"布幄"去西湖边晒太阳，里面布置茶炉和糕点，和朋友们聊天、喝茶、看风景，简直太安逸了。

赵令的《侯鲭录》和陈师道的《后山诗话》都记载了一件极为风雅的闲事，也是一枚宋代美学的切片。

元祐七年（公元1092年）正月二十五日，苏轼堂前梅花大开，月色鲜霁。

先生王夫人曰:"春月色胜如秋月色。秋月令人凄惨,春月令人和悦。何如召赵德麟辈来饮此花下?"

先生大喜曰:"吾不知子能诗耶,此真诗家语耳!"

遂召与二欧饮。

春月朗照,梅花的香气落在酒杯中,被他们一饮而尽。江湖风波恶,昼短苦夜长,何不秉烛同游,甚至无须秉烛,这么好的月亮,那么好的人世,即便没有香醪,也是令人迷醉的。

这一夜,苏轼取王夫人语意,填了一首词,为春梦的人生留下一点花瓣般的印记和香气。

春庭月午,摇荡香醪光欲舞。步转回廊,半落梅花婉娩香。

轻云薄雾,总是少年行乐处。不似秋光,只与离人照断肠。

——苏轼《减字木兰花·春月》

然而不久后,苏轼就收到了调任扬州的诏书。

早春二月,疏浚西湖的工程还未完成,那是他和赵令一起为颍州百姓做的第三件大事。他有成功治理杭州西湖的经验,赵令则是个雷厉风行的执行者。工程完工时,赵令还特意写了一首诗告诉苏轼。苏轼在扬州的明月下和诗:"坐思吴越不可到,借君月斧修朣胧。二十四桥亦何有,换此十顷玻璃风。"

清颍东流,愁目断、孤帆明灭。宦游处、青山白浪,万重千叠。孤负当年林下意,对床夜雨听萧瑟。恨此生、长向别离中,添华发。

一尊酒,黄河侧。无限事,从头说。相看恍如昨,许多年月。衣上旧痕余苦泪,眉间喜气添黄色。便与君、池上觅残春,花如雪。

——苏轼《满江红·怀子由作》

这首词是苏轼赴任扬州时写给苏辙的。苏辙希望苏轼按照流程回朝面君谢恩,如此便可以到东府小住几日。

苏轼也很想念苏辙。

只是他还是对京城的环境心有余悸,便直接带着家人走水路去了扬州。

颍水悠悠,他看着孤帆远影,想起昔年的林下之契,夜雨之约,怅憾一如浪涛东流。

但他只能把百转千回的心事都写在词里,就像深情的尽头,只有水样的离愁,与纷纷扬扬的寂寞。

三月十六日,苏轼抵达扬州。他先是取消了劳民伤财的万花会,接着又上表朝廷,请求对农民积欠的债务宽免一年。在那个"二十四桥明月夜,玉人何处教吹箫"的浪漫之地,他看到的却是沿途百姓痛哭,不断被催债的官兵抓进监牢。灾年时,百姓遭受饥饿之苦,到了丰年,百姓却偿还不清债务,这是新政的后遗症。

七月,同意宽免积欠的诏书下达,百姓无不欢喜。

苏轼也写下《和陶〈饮酒〉二十首·其十一》,向高太后致意:"诏书宽积欠,父老颜色好。再拜贺吾君,获此不贪宝。颓然笑阮籍,醉几书谢表。"

在扬州,苏轼开始和陶诗,希望真正解脱精神上的枷锁。

后来在这组诗的序言中,他写道:"吾饮酒至少,常以把盏为乐,往往颓然坐睡。人见其醉,而吾中了然,盖莫能名其为醉为醒也。在扬州时,饮酒过午,辄罢。客去,解衣盘礴,终日欢不足而适有余。因和渊明《饮酒》二十首,庶以仿佛其不可名者,示舍弟子由、晁无咎学士。"

他把那些诗寄给苏辙看,说感觉自己离陶渊明越来越近了。

黄庭坚曾一语道破苏轼的心事,说读陶渊明,血气方刚时如嚼枯木,只有绵历世事,才如渴饮水,如欲寐得啜茗,如饥啖汤饼。

诚哉斯言。但苏轼的"欢不足""颓然笑阮籍",还是暴露了他内心的矛盾与痛苦。"浮名浮利,虚苦劳神。叹隙中驹,石中火,梦中身……几时归去,作个闲人。对一张琴,一壶酒,一溪云。"

颍州也好,扬州也好,终究不是他想要的太平盛世。

就像昔日天赋卓异的阮籍用酣醉逃避司马氏的诏命与联姻,何尝不是"车迹所穷"?

阮籍猖狂了一辈子,依旧有自己的穷途之哭。

这一年七月底,朝廷再召苏轼还朝。

这一次,是让他回京师做兵部尚书兼侍读,以及负责皇帝南郊祭祀的卤簿使。

皇帝已经十七岁了,去南郊祭祀是其亲政前的一个重要流程,苏轼推辞不了。他不知道日后朝局又会发生什么样的变化。

八月末,离开扬州时,苏轼许了一个心愿,希望可以外放广陵,到广陵几个月后,就前往南郡,之后再到梓州,溯流回到眉山,盖房子,种植果树,等苏辙归来,就一起夜雨对床,在满树繁花下慢慢老去:

> 今年吾当请广陵,暂与苏辙相别。至广陵逾月,遂往南郡,自南郡诣梓州,溯流归乡,尽载家书而行,迤逦致仕,筑室种果于眉,以须子由之归而老焉。不知此愿遂否?言之怅然也。
> ——苏轼《书请郡》

这一年,他已经五十七岁了。

他的长子苏迈生下了第五个儿子,他为其取小名"淮得"——扬州属于"淮南"。

那么他还有多少时间?

他不知道。更不知道许下的这个朴素的愿望能不能实现。只知道写下来的时候,忧伤就已经漫上了心头。

而不管他是"客去,解衣盘礴",还是想去眉山种果树,一个文人的天真与纯粹也就这样在文字中不经意流露了出来。

天真而不自知，才是最珍贵的。

苏轼回朝，很快改任端明殿学士、翰林侍读学士和礼部尚书，看起来官运亨通。但他认为，不喜欢过的日子都是不属于自己的，他"无日不在煎熬中"，不过是在浮名浮利中虚度时日。

元祐八年（公元1093年）三月，苏轼再次遭到弹劾，七道奏章都是检举他"讪谤先帝"。

他趁机请求外放越州（浙江绍兴）。

他一心想离开京师，其实还有一个原因，那就是他已经预感到，他所要辅佐的人，日后很可能不会成为明君。哲宗登基时年纪尚小，只能请高太后垂帘听政。待宋哲宗成年后，太后本应撤帘还政，她却依旧坐在朝堂上，希望再助孙儿一程。可惜宋哲宗并不喜欢祖母的帮助。他用自己的方式反抗着，逃课，沉溺女色，对祖母倚重的元祐大臣怀恨于心。有人谣传高太后想废掉宋哲宗，宋哲宗亦深信不疑，高太后则悲愤交集，一病不起。

八月初一，王闰之去世，苏轼将她厚葬在汴京西郊的惠济院。王闰之是佛教徒，苏轼便撰写佛颂，请李公麟画下释迦文佛供奉于寺为亡妻超度。"已矣奈何，泪尽目干。旅殡国门，我实少恩。惟有同穴，尚蹈此言。"在祭文中，他表示自己死后将与王闰之同穴。

九月初三，庇护苏家兄弟多年的高太后也驾崩了。苏轼哭了一场，为高太后作了挽词，又主持了高太后的葬礼。

而十二天后，高太后尸骨未寒，因苏轼参与上折子劝谏遵循旧政，亲政的宋哲宗就迫不及待地下旨将他的老师外放定州，连面辞的机会都不愿给。

庭下梧桐树，三年三见汝。

前年适汝阴，见汝鸣秋雨。

去年秋雨时，我自广陵归。

今年中山去，白首归无期。

客去莫叹息，主人亦是客。

对床定悠悠，夜雨空萧瑟。

起折梧桐枝，赠汝千里行。

归来知健否，莫忘此时情。

——苏轼《东府雨中别子由》

苏轼是九月二十六日离京的。

汴京秋雨绵绵,临行前,苏轼去辞别苏辙,又见到了东府中的那棵梧桐树。三年来,他三次入京,三次外放,心中涌起的万千情绪,那一刻,尽化作字句间的凄凉之音。

秋雨依旧,梧桐依旧,东府依旧,但冥冥之中,很多的东西都不一样了。

他写"白首归无期",显然是已经预料到,不管是主动还是被迫,此去定州,他今生再也不会重回京城。

而东府的主人,还能得几日安稳,他们余生还能再见几回?

"春风桃李花开日,秋雨梧桐叶落时。"他们站在秋雨中,折梧桐相送,愿彼此相隔千里,莫失莫忘,如两片同根的落叶,静默地等待着一场风暴的到来。

老人心事日摧颓,宿火通红手自焙。
小甑短瓶良具足,稚儿娇女共燔煨。
寄君东阁闲蒸栗,知我空堂坐画灰。
约束家僮好收拾,故山梨枣待翁来。

——苏轼《寄馏合刷瓶与子由》

春节前夕，苏轼给苏辙寄去定瓷馏合与刷瓶，表达自己温柔的心意。

馏合，即诗中说的小甑，作用等同于蒸锅，刷瓶则是煮饭良器。苏轼说"寄君东阁闲烝栗"，应是想起了苏辙喜欢吃的家乡美食，如栗子糕、枣糕、蜂蜜梨子汤。他希望苏辙在过年的时候，可以品尝美食，享受天伦之乐。又因定瓷易碎而不易得，故嘱咐苏辙，约束家僮，平时将馏合与刷瓶收拾妥当。

至于"老人心事日摧颓""知我空堂坐画灰"，想来是在为定州军事叹息吧。

定州地处边疆，与契丹接壤，本是天下重镇，苏轼抵任后却发现"边政颓坏，不堪开眼"，只觉脊背发凉。

定州军积重难返，盗卖军械，贪污赌博，军纪全无，军礼久废；士兵披甲行数十里即喘汗不止，毫无战斗力；军营年久失修，上漏下湿。若契丹来犯，如何招架？

苏轼只能以衰病之身穿上戎装，整治风纪，安顿军心。同时上表朝廷，召集民间武装力量，重振"弓箭社"，巩固边防。

然而他的上表没有得到任何回音。君不见宋哲宗身边已被小人包围，新党势力摩拳擦掌，吕大防首先被攻击罢相，矛头对准的下一个，便是苏辙。

而苏辙，早在熙宁二年（公元1069年）就上疏皇帝："今世之强兵莫如沿边之土人，而今世之惰兵莫如内郡之禁旅。"

翌年二月，苏轼从定州寄去一尊檀香木观音像以及自制的印香和银篆盘给苏辙当生日礼物。

苏轼是个制香大师，他用了很多名贵的香料，据说是来自海外仙岛的檀香、龙脑香、麝香和甲香，制成点燃，香烟可凝结，缭绕无穷，绵绵浮空，缥缈如风中之云，燃尽后，香灰还能保留篆刻的印记。

有《子由生日，以檀香观音像及新合印香银篆盘为寿一首》为记："我亦旗鼓严中军，国恩未报敢不勤。但愿不为世所醺，尔来白发不可耘。问君何时返乡枌，收拾散亡理放纷。此心实与香俱焄，闻思大士应已闻。"

苏轼的矛盾心理在诗中一览无遗，一面是报恩之心，一面是思退之意，要如何取舍？

朝堂之上，孤立无援的苏辙同样无力选择。

《宋史》里记载了苏辙被贬之前的一件事。

三月,被宋哲宗火速擢拔的中书侍郎李清臣在策试进士时全盘否定元祐国策,苏辙念及元祐之治与高太后的苦心,冒死上奏,请求宋哲宗不要听信小人蛊惑,轻易变更法度与人事:"此小人之爱君,取快于一时,非忠臣之爱君,以安社稷为悦者也……臣愿陛下反复臣言,慎勿轻事改易,若轻变九年已行之事,擢任累岁不用之人,人怀私忿而以先帝为词,则大事去矣。"

苏辙还举了历史上几个"以子改父"的例子,如汉昭帝改汉武帝财税之法,任用霍光,匡国家,安社稷,立汉室。

宋哲宗完全听不进去。当苏辙提及汉武帝时,宋哲宗勃然大怒,大声斥责道:"卿安得以汉武比先帝?"

苏辙下殿待罪,群臣皆不敢仰视。

这时范仲淹的二公子范纯仁站了出来:"史称武帝雄才大略,为汉七制之主,盖近世之贤君,苏辙果以比先帝,非谤也。陛下亲政之初,进退大臣,不当如诃叱奴仆。"

尚书左丞邓润甫越次提醒宋哲宗:"先帝法度,为司马光、苏辙坏尽。"

范纯仁说:"不然,法本无弊,弊则当改。"

宋哲宗又说:"人谓秦皇、汉武。"

范纯仁回:"苏辙所论,事与时也,非人也。"

宋哲宗的脸色缓和了一点。

罢朝后,苏辙举笏向范纯仁致谢:"公佛地位中人也。"

苏辙与范纯仁同朝为官,平日多政见不合,针锋相对,直到那一刻,苏辙才知道范纯仁是真正的君子。

不久后,苏辙主动请求外放,国恩未报心已灰,奈何,奈何?

宋哲宗批准了。

苏辙罢门下侍郎,以端明殿学士知汝州,而范纯仁也被流放到了外地。

四月,宋哲宗改年号为绍圣。他已经忍耐了九年,如今偏要绍述,承继宋神宗新法,与祖母反其道而行之,彰显自己的至高皇权。

章惇,昔日王安石的下属,苏轼曾经的朋友,被苏轼预言"他日必能杀人"的人,这时则回到了宋哲宗的身边,投其所好,继而拜相。

很多年前在凤翔,苏轼和章惇游玩时遇到一处深潭,四周都是百尺绝壁,唯有一根独木桥可供侧身通过。苏轼不敢过桥,章惇却神色自若地走了过去,在绝壁上写下"章惇、苏轼到此一游",笔锋一丝都没有抖动。

苏轼大惊,拍着章惇的肩膀说:"你一定能杀人。对自己的性命可以开玩笑的人,自然也能杀人。"

当章惇与皇帝结成同盟,向元祐党人疯狂报复的时候,苏轼有没有想到他的预言?

章惇到底把他性格中的勇和狠都用到了政治斗争上。

很快,一场史无前例的政治浩劫开始了。元祐老臣全都遭到了贬黜,苏门学子全部被流放。已经去世的司马光被诬告成参与高太后密谋夺位的人,即将遭遇鞭尸。就连高太后,也被章惇称为"老奸擅国",建议皇帝将其灵位逐出太庙。

虽然苏轼名满天下,又当过宋哲宗八年的老师,但是章惇也不会因为曾经的情分,而对自己的前程掉以轻心。

闰四月,一道贬谪的圣旨到达定州,撤掉了苏轼所有的官职,罪名是对先帝不敬。还要求他"火急治装,星夜上道",

火速赴贬所——岭南英州（广东英德）。苏轼到当涂县时，在章惇的挑唆下，宋哲宗又下旨将苏轼贬为建昌军司马，惠州安置，不得签书公事。

苏辙也"岁更三黜"，朝中说他讥斥先朝，比苏轼的罪行更重，于是从京城被贬到汝州，再从汝州被贬到袁州，最后从袁州被贬到筠州。

去英州的途中，苏轼绕道到汝州与苏辙相聚，兄弟俩含泪相视而笑，竟觉耳目清快，一身轻松。

这么多年，在命运的河流上，他们身如不系之舟，却一直互为舟楫，携手同行。

在心灵的宇宙中，他们默默照耀着对方，且永远同频共振，荣辱相通。

已然幸甚至哉。

只是岭南乃蛮荒之地，苏轼生活清贫，身边没有积蓄，无法带家人前行。苏辙在京城为官数年，终于不再欠债，便赠送了七千俸钱给侄儿苏迈，让苏迈、苏迨领着妻儿到宜兴买田生活。最后，苏轼仅带苏过与王朝云同行。

苏辙曾说:"且君子小人,势若冰炭,同处必争;一争之后,小人必胜,君子必败。何者?小人贪利忍耻,击之则难去;君子洁身重义,沮之则引退。"

是以,这场关乎君子和小人的政治斗争,结局早在他们的意料之中。他们也都坦然地接受了流放,且不再自我辩解。

在谢表中,苏轼写道:"累岁宠荣,固已太过。此时窜责,诚所宜然。瘴海炎陬,去若清凉之地。"

过大庾岭时,苏轼又写:"一念失垢污,身心洞清净。浩然天地间,惟我独也正。"

他是真的放下了。

而无论在朝在野,他和苏辙都不曾违背过洁身重义、忠君爱国的浩然本心。那么天地之间,便也没有什么可以束缚他们自由而强大的灵魂。

手足之爱，平生一人

见苏辙难以下咽，他爽朗地笑起来，像少年时那般称呼苏辙的小名：『九三郎，你难道还想细细咀嚼品尝吗？』

绍圣元年（公元1094年）秋，苏辙到达筠州贬所后，苏轼也舟车万里来到了惠州，即将开启一段苦中作乐的新生活。

从《十月二日初到惠州》中可以看出，苏轼当时心情愉悦，对百姓的盛情充满感激，有一种回到家乡的亲切："仿佛曾游岂梦中，欣然鸡犬识新丰。吏民惊怪坐何事，父老相携迎此翁。苏武岂知还漠北，管宁自欲老辽东。岭南万户皆春色，会有幽人客寓公。"

昔日在黄州，他获得了精神的超脱，现在，他也尽可安然享受惠州的风物人情之美。人说岭南"瘴疠之气横行，圣人之道不彰"，但宦海浮沉数十载，在他看来，跋涉之苦远不及精神煎熬之苦，环境的恶也远没有人性的恶可怕。

且看他笔下的惠州：

"江云漠漠桂花湿，梅雨翛翛荔子然。闻道黄柑常抵鹊，不容朱橘更论钱。"

"罗浮山下四时春,卢橘杨梅次第新。日啖荔枝三百颗,不辞长作岭南人。"

他喜欢惠州。

在惠州,虽生活清苦,但那个乐观的苏东坡又回来了。

他在落脚的嘉祐寺东面辟出一间小屋,名曰"思无邪斋",作用等同于黄州的雪堂。

经常酒足饭饱后,他就到斋中读书,和陶诗。他告诉苏辙,自己应该是第一个与古人隔世唱和的人。苏辙亦称赞陶渊明"佳句如珠圆",是他所钟爱的风格。

春天到来的时候,苏轼一个人出门散步,见农民家园杂花盛开,就微笑着敲门求观,有感作诗。或者去江郊的盘石小潭垂钓,一人一竿,如老僧入定。

惠州有"万户春"酒,又点燃了苏轼酿酒的热情。苏轼酿"真一酒",取道家的"众真归一"之意。酒成之后,微醺击节而歌,只见合江楼下,风振水涌,大鱼皆出,美得像是一个梦。他觉得自己虽酒量不好,却依旧是神仙钟爱的人,要不怎么能酿成比"真一酒"更好的"桂酒"呢?桂酒的方子是一个隐士告诉他的,称酿成之后,酒色清亮,酒香超然,久服即可以身轻如燕,涉水而过。

他还发明了羊蝎子。因为没有钱买羊肉吃,他就去买廉价的羊脊骨,用水煮透,浇酒,撒盐,炭火炙烤至骨肉微焦,香气四溢即可。他还打趣苏辙说:"你生活滋润,经常吃肉,怎么能品尝到这等美味呢?只是我每次都忍不住把骨头上的肉啃光,身边那几只狗就对我没有好脸色了。"

他很满意自己的状态。对诗僧参寥说:"若了得此一段,我即渊明,渊明即我也。"

苏轼说:"惠州风土食物不恶,吏民相待甚厚。"他的善意与智慧同样惠及岭南。如帮乡邻治疗瘴毒,在田间推广插秧工具"秧马",为广州人民设计自来水系统,主持修建桥梁和无名冢等。为此他捐出了朝服上留下的犀带,又写信给苏辙寻求资助,史氏便捐出了高太后赏赐的黄金。

卖酒高安市,早岁逢五秋。
常怀简书畏,未暇云居游。
十载还上都,再谪仍此州。
废斥免羁束,登临散幽忧。
乡党二三子,结束同一舟。
雨余江涨高,林薄烦撑钩。

积阴荐雷作，两山乱云浮。
雨点落飞镞，江光溅轻沤。
笑语曾未毕，风云遽谁收。
舟人指松桧，古刹依林丘。
老僧昔还住，晚饭迎淹留。
食菜吾自饱，馈肉烦贤侯。
严城迫吹角，归棹随轻鸥。
联翩阅村坞，灯火明谯楼。
肩舆践积甃，涂潦分潜沟。
居处方自适，未知厌拘囚。

——苏辙《雨中游小云居》

苏辙在筠州的生活同样清简悠闲。

筠州是苏辙曾经被贬谪的地方，他在这里生活了五年，终日为五斗米奔走，少有闲暇。后被召回汴京，经历十年宦途，命运又将他推向了原点。

只是如今朝廷不让他过问州中事务，他正好可以享受与故友一起寻幽探胜的快乐。

那天，他和几位朋友一起泛舟江上，却突然电闪雷鸣，雨点犹如箭镞落下,江水都涨了起来。但大家都很开心,心情丝毫没有受到影响。后来经船夫指引,他们又登上山去,游小云居古刹,老僧热情地留他们吃晚饭,一直到鼓角声响,他们才下山回家。归来的时候,一座座村庄在江边掠过,谯楼的灯光落在江面上,他感觉内心如白鸥一样轻盈,全然忘记了自己是戴罪之身。

这首《雨中游小云居》是苏辙在筠州生活的一个缩影,而翻阅他的诗集,便不难发现,汴京十年,他的诗文中都极少有这般的轻松、洒脱和愉悦。

苏辙再谪筠州期间,眉山僧人惟简过世,其弟子法舟专程到筠州、惠州请求苏家兄弟为惟简写塔铭(墓志铭)。

苏辙想起惟简早年对他和哥哥的劝诫,"游宦如寄,非可久安。意适忘归,忧患所由。亟还于乡,泉石可求",一时勾起无限乡思,感叹道:"寄我泪痕归万里,遥知露滴涧松青。"

他和哥哥都知道,故乡,他们此生都回不去了。

"南北去住定有命,此心亦不念归。"既北归无望,苏轼便打算买田筑室,终老岭南,做一个惠州人。

绍圣四年(公元1097年)春,苏轼在白鹤峰下的新居落成,苏迈带着一大家子过来团聚。苏辙专门写信过来庆祝，并勉励哥哥："谁言逐客江南岸，身世虽穷心不穷。"

苏辙只是遗憾，他不能对哥哥施以援手："相望万里，患不相救。"

但苏轼"吾心甚安"，他的遗憾，或许是王朝云的离去吧。

绍圣三年（公元1096年）七月，王朝云因病离世，年仅三十四岁。苏轼世间再无红颜知己："不合时宜，唯有朝云能识我。独弹古调，每逢暮雨倍思卿。"

苏轼在新居门前种植了许多荔枝树和橘树。正值花开季节，橘子花的香气在山风中静静弥漫，足以安抚异乡人的心魄。到了午后，他便可以卷起草帘，斜倚在卧榻上，用一缕斜阳重温生命中的旧梦。

白头萧散满霜风，小阁藤床寄病容。
报道先生春睡美，道人轻打五更钟。

——苏轼《纵笔》

苏轼没想到，他的这首小诗传到京城后，一句"春睡美"竟也能激起章惇的满腔妒火。

章惇本想用近乎人格摧残的方式来击溃苏轼,不料却被苏轼化为无形。他愤愤地告诉党羽们,苏轼的生活过得太悠哉了,那就再贬儋州。

有笔记小说写,当时章惇还玩了一个文字游戏,他用元祐党人的名字的偏旁来决定他们的贬黜之地,苏轼字子瞻,贬儋州。苏辙,字子由,贬雷州。黄庭坚,字鲁直,贬黔州。于是京中便有人预测,儋州有"人",苏轼性命无忧,雷州有"雨",情况颇乐观。

这些预测后来都应验了。

四月,苏轼收到了被贬儋州的诏命。

儋州位于海南岛的西北部,《儋县志》说那里"地极炎热,而海风甚寒,山中多雨多雾,林木阴翳,燥湿之气不能远,蒸而为云,停而为水,莫不有毒……风之寒者,侵入肌窍;气之浊者,吸入口鼻;水之毒者,灌于胸腹肺腑。其不死者几稀矣。"

苏轼是安排后事上路的。苏过依旧陪同在父亲身边。他性格淡泊,在诗文和绘画方面都很有才华,被人称作"小东坡"。临行时,儿孙们围绕在苏轼身边,都伤心地痛哭了起来。

当父子俩的小船行至梧州时,苏轼听江边百姓说,苏辙被贬雷州，当时就在二百余里前的藤州，便赶紧派人送了一封急信过去，苏辙收信后立即折返，如此，时隔三年，兄弟俩才得以见面，一起同行至雷州。

这一次，他们走得极慢，在路上逗留了一个月，仿佛已经知道这是最后一次相聚。

苏轼安慰苏辙："莫嫌琼雷隔云海，圣恩尚许遥相望。"诚然，他们的罪名一次比一次更重，贬得一次比一次更远，但两个人却更近了。雷州和儋州之间隔海相望，经常有船只往来，通信倒可以更加便捷。

兄弟俩一个月同起同卧，苏轼的心情很是高兴，即便是吃路边摊上最粗粝的汤饼，胃口也特别好。见苏辙难以下咽，他爽朗地笑起来，像少年时那般称呼苏辙的小名："九三郎，你难道还想细细咀嚼品尝吗？"

到雷州后，兄弟俩依旧恋恋不舍，苏辙又送苏轼到海滨乘船。

分别前一夜，苏轼痔疮发作，在床上痛苦呻吟，辗转难眠，苏辙也是夜不能寐，陪守在侧。凌晨时，苏辙诵读陶渊明的《止酒》诗，劝哥哥戒酒，多保重身体。

苏轼作《和陶止酒》诗送给苏辙，表示自己一定听弟弟的话。苏辙笑起来,叹息一声,他深谙苏轼性情,预感苏轼去海南后,难免还会饮酒。

果然,苏轼的诗集中,他写自己在海南酿酒,还写了《和陶连雨独饮二首》,说自己与酒的关系好比磁石与铁针,没办法,就是那么互相吸引。

而且喝酒之后,就可以做梦,梦里或许还能见到苏辙:"此外一子由,出处同偏仙。晚景最可惜,分飞海南天。"

他可以忍受海南的艰苦与孤独,唯独对晚年与兄弟分离不能释怀。

刚到儋州时,苏轼父子寄居在一间破烂的官舍里,四壁皆空,百物皆无。

苏轼用的方法大约就是以精神打败物质。炎热的七月,他"杜门默坐,以书自怡",离开惠州时,他带了一本《陶渊明集》和柳宗元的几册书。

第一个冬天,海南风雨无虚日,海道也断绝了,苏轼久不得苏辙书信,一直心神不定,不断用《周易》卜卦。他想起陶渊明的《停云》,有诗句"霭霭停云,濛濛时雨",便给苏辙寄去一首和诗,以致相思之意:

停云在空,靆其将雨。

嗟我怀人,道修且阻。

眷此区区,俯仰再抚。

良辰过鸟,逝不我伫。

——苏轼《和陶停云四首·其一》

苏辙收到信后,马上回寄:

云跨南溟,南北一雨。

瞻望匪遥,槛穽斯阻。

梦往从之,引手相抚。

笑言未半,舍我不伫。

——苏辙《和子瞻次韵陶渊明停云诗并引》(节选)

手足之爱,正是他们人生能量的来源。

苏辙说雷州"出有践蛇茹蛊之忧,处有阳淫阴伏之病。艰虞所迫,性命岂常?"他也很不习惯雷州的气候与饮食,很快就瘦得皮包骨,家中的仆人都快不认识他了。

五日一见花猪肉,十日一遇黄鸡粥。
土人顿顿食薯芋,荐以薰鼠烧蝙蝠。
旧闻蜜唧尝呕吐,稍近虾蟆缘习俗。
十年京国厌肥羜,日日蒸花压红玉。
从来此腹负将军,今者固宜安脱粟。
人言天下无正味,蝍蛆未遽贤麋鹿。
海康别驾复何为,帽宽带落惊憧仆。
相看会作两臞仙,还乡定可骑黄鹄。

——苏轼《闻子由瘦》

　　苏轼听说苏辙瘦了,不禁在诗中感叹儋州就是个美食荒漠,当地百姓天天吃芋头,还推荐他吃烤老鼠,烧蝙蝠,用蜂蜜腌渍的老鼠胎盘(蜜唧),蜈蚣(蝍蛆),他想起来就要呕吐了。如果稍微吃点虾,还是可以的。他觉得自从来到儋州,实在是太对不住自己的肚子了。

　　最后他又不忘开起苏辙的玩笑来,说远离美食也有一点好处的,照这样瘦下去的话,等到被赦的那天,我们就可以骑着黄鹤回家乡了!

不过苏轼很快就被牡蛎拯救了。就像用味蕾叩开了一个新的世界,牡蛎之美,足以绕舌三日。他写信给惠州的家人:"无令中朝士大夫知,恐争谋南徙,以分此味。"牡蛎太好吃了,你们可千万别让京城的那帮人知道了啊,我怕到时候他们要争着南下,来跟我抢。

接着他发明了菜羹,将芜菁(大头菜)、芦菔(萝卜)、苦荠同煮,水开时再放入米和豆子搅匀,保持大火,直至酥烂,便是入口生津的自然之味。

断粮的时候,他就带着苏过一起辟谷。他曾听说有人被困深井之中,看到青蛙和蛇每天黎明都会仰面吞食朝阳,那人饿极了,也模仿青蛙和蛇的动作,居然真的止住了饥饿。

后来,他又被椰子的美味俘获。他之前没有吃过椰子,觉得椰子就是树上结的酒,是清甜又不醉人的佳酿。

有一次吃完椰子后,苏过突发奇想,做了一顶椰子帽给父亲。苏轼喜欢极了,赶紧给苏辙寄了一顶过去。

苏轼慢慢适应了岛上的生活。糊口之余,父子俩还学着盖房子,制墨,或一起下棋打发时间。他们也乐意教年轻的学子们读书作诗,并鼓励百姓耕种荒田。

在很多个黄昏,苏轼出门散步,都喜欢背一个人瓢,戴着椰子帽穿行乡里，惹得当地的百姓哈哈大笑。他把采来的草药送给乡邻治病，把苍耳做成药粉送给妇人们养颜。小孩子们吹着葱叶唱歌，他就跟着唱。一个七十岁的老妪说他曾经高官厚禄的日子已经成了一场春梦，他就佯装生气，大声喊人家"春梦婆"。

客居远林薄，依墙种杨柳。
归期未可必，成阴定非久。
邑中有佳士，忠信可与友。
相逢话禅寂，落日共杯酒。
艰难本何求，缓急肯相负。
故人在万里，不复为薄厚。
米尽儓衣裳，时劳问无有。

——苏辙《次韵子瞻和渊明拟古九首·其一》

苏辙于元符元年（公元1098年）八月被命迁循州，在那里买宅耕种，平静地生活。

苏辙六十岁生日时，苏轼还寄了一座"沉香山子"（沉香木雕刻的假山）给弟弟当贺礼，又作《沉香山子赋》勉励弟弟，切莫意志消沉。就像沉香,虽被雕琢,依旧不失幽香与气象:"宛彼小山,巉然可欣。如太华之倚天,象小孤之插云。往寿子之生朝,以写我之老勤。子方面壁以终日,岂亦归田而自耘,幸置此于几席,养幽芳于帨帉。无一往之发烈,有无穷之氤氲。"

这座"沉香山子"时常让苏辙想到当年父亲壮游天下带回眉山的木假山,以及父亲教导他们兄弟的"为一身谋则愚,而为天下谋则智"。

苏辙想着哥哥在儋州那般困厄,还能乐观豁达,创造力旺盛,"不见老人衰惫之气",他不仅深受感动,也被这样的精神感染,开始主动融入当地的生活,同时传播中原的文化和礼俗。

他在住所种上了杨柳和月季,与朋友们一起论禅、饮酒,或者读陶渊明的诗,给哥哥写信。

他告诉哥哥,椰子帽比官帽舒服多了。他的头发和胡子都白了,到了秋天,头发又稀疏了不少,平时都是裹个头巾,如今戴上苏过制作的椰子帽,倒像一个老法师了。

元符三年(公元1100年)正月,就在苏氏兄弟安然认命的时候,朝廷局势又变了。

宋哲宗驾崩，因无子嗣，由其弟端王赵佶继位，向太后垂帘听政，二月即大赦天下，解元祐大臣之危。不久后，章惇也因曾经的一句"端王轻佻，不可君天下"断送了相位，最后被贬岭南。

五月，苏轼接到诏命，将被调往廉州。而在此之前，苏辙已被调往岳州。

得知苏轼要走，儋州的父老提着礼物来送他："内翰，希望以后你都不要再回来了。"

苏轼一下子就流泪了。

渡海北归时，他坐的是一艘夜航之船。清风拂面，明河在天，他的心情有些不舍，又有些兴奋。

他在诗中写道："九死南荒吾不恨，兹游奇绝冠平生。"

对于他来说，数年的海外生活虽九死一生，但在儋州的日子，将成为他这辈子最奇绝的一段旅程。

就像不久后他重访金山寺，自题画像："心似已灰之木，身如不系之舟。问汝平生功业，黄州惠州儋州。"三十年时光如露亦如电，在他的内心深处，最大的成功，并非朝堂上的荣耀，而是在痛苦之中重塑自我，抵达了灵魂的通透。"黄州惠州儋州"，那是他一生中最黑暗的时期，也是他最自由，心灵一次次涅槃重生，离归隐之梦最近的时期。

八月，朝廷下令，调苏轼去永州。继而又一道新诏："复朝奉郎，提举成都玉局观，在外州军，任便居住。"

他自由了。

他曾对苏辙说，祝贺升官，不如祝贺归田。若当官的人外无人诽谤，内无愧于心，释肩而去，就像是大热天远行，还未到家，却入一清凉旅馆，解衣沐浴，可谓是人生中最快乐的事。而致仕归田后，脱去官服，寻访林泉，回首一生无一遗憾，那样的快乐更是无法用言语形容。

那么现在，"风雨对床"已近在眼前，苏轼开心极了。苏辙被调往颍昌，他写信给苏轼，请兄长到颍昌来，与自己比邻而居。

然而，建中靖国元年（公元1101年）春，被称为"宋代三大贤后"之一的向太后去世，宋徽宗正式亲政，宰相也换成了素来与元祐党人相忌的曾布。

这一年五月，船到真州的苏轼得知朝堂风向已变，只好改变了前去与苏辙相会的计划。

他不想再卷入京城的是非，便写了一封信给苏辙：

子由弟：得黄师是遣人赍来二月二十二日书，喜知近日安胜。兄在真州，与一家亦健。行计南北，凡几变矣。遭值如此，可叹可笑。

兄近已决计从弟之言，同居颍昌，行有日矣。适值程德孺过金山，往会之，并一二亲故皆在坐。颇闻北方事，有决不可往颍昌近地居者。事皆可信，人所报，大抵相忌，安排攻击者众。北行渐近，绝不静耳。

今已决计居常州，借得一孙家宅，极佳。浙人相喜，决不失所也。更留真十数日，便渡江往常。逾年行役，且此休息。

恨不得老境兄弟相聚，此天也，吾其如天何！然亦不知天果于兄弟终不相聚乎？士君子作事，但只于省力处行，此行不遂相聚，非本意，甚省力避害也。

兄万一有稍起之命，便具所苦疾状力辞之，与迨、过闭户治田养性而已。

千万勿相念，保爱保爱！今托师是致此书。

苏轼觉得是命运与他们兄弟俩开了一个残忍的玩笑。

人生最遗憾的事并非夙愿难以实现，而是当夙愿近在咫尺的时候，突然被击得粉碎。

他不想累及亲友，尤其是苏辙。之前秦观死在贬所，带给了他很大的精神冲击，他想如果秦观不是他的门人，以他的才华与个性，仕途应该会平顺许多，便不至于郁郁而终。

所以他决定远离京师（包括与京师相邻的颍昌），先到常州落脚。若朝廷日后还想起用他，他将会托病请退，余生只愿带着苏迨、苏过，修身养性，耕田为生。

怎料他却突然病倒了。

六月炎夏，一直以舟为家的他先是患上痢疾，后又染上瘴毒，渐渐不能起身。

在去常州的运河上，他躺在船舱里，非常虚弱，身穿一件小褂，消瘦的手臂露在外面。看到运河两岸的百姓热情地向他打招呼，争着一睹苏内翰的风采，他的精神似乎好了些许，想起魏晋时的美男子卫玠出行，也是很多人来看，却看杀了卫玠，便风趣地说："这是要看杀我苏东坡吗？"

船到常州后，朋友来接他，但他的病情越来越重了。

他再次写信给苏辙："即死，葬我嵩山下，子为我铭。"

苏辙收信后哭道："小子忍铭吾兄！"

七月十八日，苏轼知道自己的大限已经到来了。

他告诉亲友们，不必为他的死感到悲伤，他相信自己一辈子没有做过坏事，死后肯定可以免受地狱轮回。

如苏辙后来在墓志铭中所写，苏轼一生光明磊落，乐善好施，离世本无憾事："见善称之，如恐不及，见不善斥之，如恐不尽，见义勇于敢为，而不顾其害。用此数困于世，然终不以为恨。"

但还是有唯一的遗憾，苏轼说："惟吾子由，自再贬而归，不复一见而决，此痛难堪。"

七月二十八日，苏轼病逝于常州，享年六十六岁。

听闻苏轼死讯，吴越百姓在集市上相聚而哭，文人雅士都在家中祭奠。消息传到汴京后，苏轼的故友与门人无不痛哭。数百名太学生相继到寺院施舍斋饭，为苏轼超度，感叹斯文坠地。

苏门六君子之一的李廌称颂他的老师："道大不容，才高为累。皇天后土，鉴平生忠义之心；名山大川，还千古英灵之气。识与不识，谁不尽伤？闻所未闻，吾将安放。"

黄庭坚哭道:"挟以文章妙天下,忠义贯日月之气。"

米芾写诗悼念:"道如韩子频离世,文比欧公复并年。"

苏辙悲痛欲绝,泣血写下《祭亡兄端明文》:"手足之爱,平生一人……嗟乎不淑,不见而逝。号呼不闻,泣血至地。"

按照苏轼的遗愿,苏辙为哥哥撰写了墓志铭,并将其与王闰之合葬在许昌附近的汝州郏城县小峨眉山,地处嵩山之阳。

事实证明,苏轼昔日的预感是对的。

翌年,宋徽宗改年号为崇宁——崇熙宁之政,召蔡京为尚书左丞,全面追贬元祐旧臣,包括其后代。

北宋历史上最黑暗的时刻到来了。

六月,苏辙被追削三官。九月,朝廷立元祐党人碑,司马光、苏氏兄弟及苏门四学士等三百余人都被列为"奸邪"。

崇宁二年(公元1103年)四月,朝廷诏令销毁司马光等人在景灵宫的画像和"三苏"文集。危险直逼颍昌,苏辙被迫前往汝南避祸。

崇宁三年(公元1104年)春,苏辙决定不再逃避,回到颍昌。他在诗中写:"风波随处有,何幸免惊奔。"于是卖掉了汴京的房屋,在颍昌西湖之滨买田筑室,为儿侄们作长远打算——

苏迈、苏迨和苏过也都投奔了叔父。

苏辙把新修的书房取名"遗老斋",自号"颍滨遗老",经常独自一个人徘徊月下,回首往事,思念故人。

著书耕田之余,苏辙也负责教导孙辈读书,告诫他们"道生于安静,德生于卑退,福生于清俭,命生于和畅"。孙辈皆以竹字头为名,那是他和子瞻最喜欢的植物。

有一年中秋,苏过画了一幅《枯木怪石图》,让他想起兄长的笔墨,又一时老泪纵横。"但愿人长久,千里共婵娟",子瞻去后,世间再无人写"兼怀子由",无人喊他九三郎、卯君、阿同。

闭门不出十年久,湖上重游一梦回。
行过闾阎争问讯,忽逢鱼鸟亦惊猜。
可怜举目非吾党,谁与开樽共一杯?
归去无言掩屏卧,古人时向梦中来。

——苏辙《游西湖》

政和二年(公元1112年),苏辙已在颍滨闭门十年。十年间,他复理旧学,《诗》《春秋传》《老子解》《古史》四书皆成,且有《栾城集》并行于世；还为亡兄整理了所有的遗作：《东坡集》四十卷，《东坡后集》二十卷，《和陶诗》四卷，《易传》九卷，《书传》十三卷，《论语说》五卷，《奏议》十五卷，《内制》十卷，《外制》三卷。

这一年春天，苏辙不仅出游颍昌西湖，还泛舟溴水，仿佛重温青春旧梦，又似在向人世作别。

当地的百姓都在猜测，这位前朝宰相为何出门踏青，就连湖上的鱼鸟也觉得惊讶。春色年年依旧，但他已经老了。可叹，昔日的元祐旧臣悉数故去，就连那些政敌们，也都不在人世了。

放眼世间，他再也找不到一个可以共饮的知音。"归去来兮，世无斯人谁与游？"

那一天的春阳好得令人孤独。

他策杖而归，突然就觉得特别疲惫。卧在榻上，闭上眼睛，翠竹的碎影在屏风上跳跃涌动，他仿佛又听到了童年时南轩的书声："常棣之华，鄂不韡韡。凡今之人，莫如兄弟。"小南风在他眼皮上吹啊吹，哥哥调皮地在耳边喊："九三郎，背书啦！"

这一年十月初三，苏辙在颍昌平静逝世，享年七十四岁。

十二月，朝廷追复苏辙为端明殿学士，特赠宣奉大夫。儿子们将他葬在苏轼墓旁,兄弟俩终于对穴而眠。

"手足之爱,平生一人。"从此,历史的天空上,北宋双璧也如星归位,永远相依相伴,永远熠熠生辉。

参考文献

1. 《资治通鉴》，司马光撰，岳麓书社，2018年7月
2. 《续资治通鉴长编》，李焘撰，中华书局，2004年9月
3. 《邵氏闻见录》，邵伯温撰，上海古籍出版社，2012年11月
4. 《苏轼年谱》，孔凡礼撰，中华书局，2005年5月
5. 《苏轼文集》，苏轼著，顾之川校点，岳麓书社，2000年8月
6. 《东坡集》，苏轼著，朱刚导读，三秦出版社，2022年6月
7. 《苏轼词全集》，谭新红编著，崇文书局，2015年8月
8. 《东坡画论》，苏轼著，王其和校注，山东画报出版社，2012年6月
9. 《东坡题跋》，苏轼著，白石校注，浙江人民美术出版社，2016年1月
10. 《东坡志林》，苏轼著，博文译注，万卷出版公司，2016年6月
11. 《苏东坡传》，林语堂著，宋碧云译，武汉出版社，2013年1月
12. 《苏轼传》，王水照、崔铭著，天津人民出版社，2013年11月
13. 《苏东坡新传》，李一冰著，四川人民出版社，2020年5月
14. 《孤星之旅：苏东坡传》，周文翰著，新星出版社，2023年2月
15. 《苏轼十讲》，朱刚著，上海三联书店，2019年7月
16. 《在故宫寻找苏东坡》，祝勇著，湖南美术出版社，2017年6月
17. 《眉州三苏：苏洵、苏轼与苏辙的人生故事》，郦波著，四川人民出版社，2023年6月
18. 《康震讲苏东坡》，康震著，中华书局，2018年1月

19.《苏东坡的下午茶》，陈鹏著，三水绘，四川人民出版社，2020年6月
20.《作个闲人：苏东坡的治愈主义》，费勇著，江苏凤凰文艺出版社，2022年8月
21.《栾城集》，苏辙著，曾枣庄、马德富校点，上海古籍出版社，2009年10月
22.《苏洵集》，苏洵著，何新所注译，中州古籍出版社，2023年5月
23.《苏辙评传》，曾枣庄著，巴蜀书社，2023年4月
24.《苏洵评传》，曾枣庄著，巴蜀书社，2023年4月
25.《苏辙图传》，曾枣庄著，河北人民出版社，2006年1月
26.《苏辙资料汇编》，杨观、陈默、刘芳池 编，中华书局，2018年12月
27.《苏轼苏辙研究》，朱刚著，复旦大学出版社，2019年12月
28.《光芒之下：苏辙传》，史在新著，中国文史出版社，2022年09月
29.《东京梦华录》，孟元老著，中州古籍出版社，2010年6月